中華古籍保護計劃

ZHONG HUA GU JI BAO HU JI HUA CHENG GUO

·成 果·

吉光片羽

第五批國家珍貴古籍選粹

國家古籍保護中心辦公室 編

圖書在版編目（CIP）數據

吉光片羽：第五批國家珍貴古籍選粹／國家古籍保護中心辦公室編. -- 北京：國家圖書館出版社，2016.6

ISBN 978-7-5013-5856-4

Ⅰ.①吉…　Ⅱ.①國…　Ⅲ.①古籍—圖書目録—中國 ②善本—圖書目録—中國　Ⅳ.①Z838

中國版本圖書館CIP數據核字（2016）第121532號

書　　名	吉光片羽——第五批國家珍貴古籍選粹
著　　者	國家古籍保護中心辦公室　編
責任編輯	趙　嫄　張珂卿
裝幀設計	九雅工作室

出　　版　國家圖書館出版社（100034　北京市西城區文津街7號）
　　　　　（原書目文獻出版社　北京圖書館出版社）

發　　行　（010）66114536　66126153　66151313　66175620
　　　　　66121706（傳真），66126156（門市部）

E-mail　nlcpress@nlc.cn（郵購）

Website　www.nlcpress.com→投稿中心

經　　銷　新華書店

印　　裝　北京信彩瑞禾印刷廠

版　　次　2016年6月第1版　2016年6月第1次印刷

開　　本　889×1194（毫米）　1/16

印　　張　11

書　　號　ISBN 978-7-5013-5856-4

定　　價　198.00圓

前 言

中華民族在數千年歷史發展過程中，創造了光輝燦爛的文化，留下了燦若群星、獨具特色的古代文獻典籍。這些典籍是中華優秀傳統文化的重要載體之一，是民族凝聚力和創造力的重要源泉，是人類珍貴的文化遺產。

黨的十八大報告中提出"建設優秀傳統文化傳承體系，弘揚中華優秀傳統文化"的重大任務。習近平總書記指出："中華民族具有5000多年連綿不斷的文明歷史，創造了博大精深的中華文化，爲人類文明進步作出了不可磨滅的貢獻。"他要求，"要講清楚中華優秀傳統文化的歷史淵源、發展脉絡、基本走向，講清楚中華文化的獨特創造、價值理念、鮮明特色，增强文化自信和價值觀自信"。

保護好、傳承好、利用好這些古籍，對於繼承和發揚中華民族優秀傳統文化，弘揚以愛國主義爲核心的民族精神和以改革創新爲核心的時代精神，維護國家統一和民族團結，推動社會主義文化大發展大繁榮，促進國際文化交流和人類共同發展，具有十分重要的意義。

2016年3月27日，國務院公布第五批《國家珍貴古籍名録》（899部）和"全國古籍重點保護單位"（14家）名單，使入選《國家珍貴古籍名録》的古籍總數達到了12274部，全國古籍重點保護單位數量達到180家。

第五批《國家珍貴古籍名録》共收録139家藏書單位的899部古籍文獻，囊括漢文古籍754部，少數民族文字古籍131部，其他文字古籍14部。藏品入選第五批《國家珍貴古籍名録》的單位新增31家，涉及系統更多、範圍更廣。本次收録甲骨13457片，來自山東博物館、旅順博物館、南京博物院3家單位；簡帛文獻13種，是近年發現及最新研究成果，以清華大學藏戰國竹簡和北京大學藏漢簡尤爲令人矚目；入選珍貴拓本22部，其中8部宋元善拓均爲香港中文大學中國文化研究所文物館所藏，這是香港地區首次參與名録申報，彰顯了《國家珍貴古籍名録》的重要影響；《趙城金藏》殘失的"黍"字號《因明論理門十四過類疏》一卷驚喜面世，滄海遺珠，再現世人；宋元善本共有52種入選，其中不乏珍貴版本，如宋刊宋印的《尚書圖》、蒙古定宗二年（1247）析城鄭氏家塾刻本《析城鄭氏家塾重校三禮圖》、元刻本《茅山志》、宋刻百川學海本《茶經》等；明清稿抄本中有不少影宋、元抄本和知名學者手稿本、批校題跋本，亦琳琅滿目；少數民族文字古籍入選珍品131部，涵蓋藏文、西夏文、蒙古文、察合台文、彝文、滿文、東巴文、水文、古壯字、布依文等10種少數民族文字。

藉此第五批《國家珍貴古籍名録》和"全國古籍重點保護單位"公布之機，我們舉辦"國家珍貴古籍特展"。在展覽中特闢專區，從第五批《國家珍貴古籍名録》精選60部珍貴文獻呈現給大衆，并展示第五批"全國古籍重點保護單位"基本情況，彙集成此《吉光片羽——第五批國家珍貴古籍選粹》，希望對公衆瞭解第五批《國家珍貴古籍名録》和"全國古籍重點保護單位"，領略源遠流長、博大精深的中華古籍，進一步增强公衆珍愛古籍、保護古籍的意識貢獻綿薄之力。

國家古籍保護中心辦公室

2016年6月

目録

第五批《國家珍貴古籍名録》………… 一

一、漢文珍貴古籍……………… 三

　（一）先秦兩漢時期…………… 三

　（二）魏晉南北朝隋唐五代時期… 三

　（三）宋遼金夏元時期………… 五

　（四）明清時期………………… 一〇

二、少數民族文字珍貴古籍……… 五五

　（一）藏文……………………… 五五

　（二）西夏文…………………… 五七

　（三）蒙古文…………………… 五七

　（四）察合台文………………… 五八

　（五）彝文……………………… 五八

　（六）滿文……………………… 五八

　（七）東巴文…………………… 六二

　（八）水文……………………… 六二

　（九）古壯字…………………… 六二

　（十）布依文…………………… 六三

　（十一）多文種………………… 六三

三、其他文字珍貴古籍…………… 六三

　（一）拉丁文…………………… 六三

　（二）意大利文………………… 六三

　（三）英文……………………… 六三

　（四）多文種…………………… 六三

第五批國家珍貴古籍選粹………… 六五

　11377　傳説之命三篇………… 六七

11386　數……………………… 六八

11388　堪輿…………………… 六九

11389　節……………………… 七〇

11395　金剛般若波羅蜜經……… 七一

11391　大般若波羅蜜多經卷第

　　　　六十八………………… 七二

11404　妙法蓮華經卷第五……… 七四

11414　三界寺藏内經論目録…… 七六

11418　周易程朱氏説二十卷…… 七八

11421　尚書圖一卷……………… 八一

11423　詩集傳二十卷…………… 八二

11427　析城鄭氏家塾重校三禮

　　　　圖二十卷………………… 八三

11432　廣韻五卷………………… 八四

11443　金史一百三十五卷目録

　　　　二卷…………………… 八六

11446　漢雋十卷………………… 八七

11447　輿地廣記三十八卷……… 八八

11448　茅山志十五卷…………… 八九

11453　茶經三卷………………… 九一

11456　因明論理門十四過類疏

　　　　一卷…………………… 九二

11464　楚辭集註八卷辯證二卷

　　　　後語六卷……………… 九三

11474　淳化閣帖十卷…………… 九四

11475 蘭亭序 …………… 九五

11505 三禮便蒙不分卷 ……… 九七

11536 新加九經字樣一卷 …… 九八

11544 集韻十卷 …………… 九九

11545 切韻考一卷 ………… 一〇〇

11546 切韻考殘稿一卷 …… 一〇一

11547 切韻考外編三卷 …… 一〇二

11563 班史藝文志一卷 …… 一〇三

11610 松漠記聞一卷續一卷 … 一〇四

11634 古今列女傳三卷 …… 一〇五

11660 〔洪武〕蘇州府志五十
卷 …………… 一〇六

11695 冕服鹵簿儀仗圖不分
卷 …………… 一〇七

11707 古歡堂经籍舉要一卷 … 一〇九

11729 本草品彙精要四十二
卷 …………… 一一〇

11755 蘇米齋蘭亭考八卷 …… 一一一

11777 荷亭辨論十卷補遺一
卷 …………… 一一三

11781 却掃編三卷 ………… 一一四

11805 歷代蒙求一卷 ………… 一一五

11814 大方廣佛華嚴經八十
卷 …………… 一一六

11818 清庵先生中和集前集三
卷後集三卷 ……… 一一七

11833 謝宣城詩集五卷 …… 一一八

11837 劉隨州文集十一卷 …… 一一九

11856 周賀詩集一卷 ……… 一二一

11859 李羣玉詩集三卷後集
五卷 …………… 一二三

11878 雪溪詩五卷 ………… 一二五

11886 淳熙稿二十卷 ……… 一二七

11888 方是閑居士小藁二卷 … 一二八

11889 漁墅類稿八卷 ………… 一三〇

11913 聞過齋集八卷 ………… 一三二

12005 尺牘一卷湖上草一卷 … 一三四

12012 全韻梅花诗一卷 ……… 一三六

12013 鮚埼亭集三十七卷 …… 一三八

12030 巾箱集四卷 ………… 一四〇

12051 九僧詩一卷 ………… 一四二

12066 文則一卷 …………… 一四四

12078 金奩集一卷 ………… 一四六

12083 絕妙好詞七卷 ………… 一四八

12086 復莊今樂府選□□種□
□卷總目一卷 ……… 一五〇

12093 雍熙樂府二十卷 ……… 一五一

第五批"全國古籍重點保護單位"

簡介 …………… 一五三

天津師範大學圖書館 …………… 一五五

河北師範大學圖書館 …………… 一五六

遼寧省檔案館 …………… 一五七

瀋陽師範大學圖書館 …………… 一五八

旅順博物館 …………… 一五九

江蘇省泰州市圖書館 …………… 一六〇

河南省開封市圖書館 …………… 一六一

河南省南陽市圖書館 …………… 一六二

安徽省蕪湖市圖書館 …………… 一六三

皖西學院圖書館 …………… 一六四

安徽省歙縣博物館 …………… 一六五

江西省景德鎮市圖書館 ………… 一六六

四川博物院 …………… 一六七

新疆維吾爾自治區少數民族古
籍搜集整理出版規劃領導小
組辦公室 …………… 一六八

第五批《國家珍貴古籍名録》

一、漢文珍貴古籍

（一）先秦兩漢時期

11376　殷墟安陽小屯甲骨文　商代後期
　　　　龜甲獸骨
　　　　山東博物館　8952片
　　　　旅順博物館　2305片
　　　　南京博物院　2200片

11377　傅說之命三篇　戰國中晚期　竹簡
　　　　清華大學出土文獻研究與保護中心

11378　周公之琴舞　戰國中晚期　竹簡
　　　　清華大學出土文獻研究與保護中心

11379　芮良夫毖　戰國中晚期　竹簡　清
　　　　華大學出土文獻研究與保護中心

11380　良臣　戰國中晚期　竹簡　清華大
　　　　學出土文獻研究與保護中心

11381　祝辭　戰國中晚期　竹簡　清華大
　　　　學出土文獻研究與保護中心

11382　赤鵠之集湯之屋　戰國中晚期　竹
　　　　簡　清華大學出土文獻研究與保護
　　　　中心

11383　筮法　戰國中晚期　竹簡　清華大
　　　　學出土文獻研究與保護中心

11384　別卦　戰國中晚期　竹簡　清華大
　　　　學出土文獻研究與保護中心

11385　算表　戰國中晚期　竹簡　清華大
　　　　學出土文獻研究與保護中心

11386　數　秦代　竹簡　湖南大學嶽麓書
　　　　院

11387　奏讞書　秦代　竹簡　湖南大學嶽
　　　　麓書院

11388　堪輿　西漢　竹簡　北京大學

11389　節　西漢　竹簡　北京大學

（二）魏晉南北朝隋唐五代時期

11390　大般若波羅蜜多經卷第十一　（唐）
　　　　釋玄奘譯　唐寫本　敦煌研究院

11391　大般若波羅蜜多經卷第六十八
　　　　（唐）釋玄奘譯　吐蕃統治敦煌時
　　　　期寫本　潘復　莊蘊寬　葉恭綽
　　　　王彭　梅光遠　張名振　馬振憲
　　　　彭憲　范熙壬　丁康保跋　國家圖
　　　　書館

11392　大般若波羅蜜多經卷第七十四
　　　　（唐）釋玄奘譯　唐八世紀寫本
　　　　國家圖書館

11393　大般若波羅蜜多經卷第一百五十七
　　　　（唐）釋玄奘譯　吐蕃統治敦煌時
　　　　期寫本　國家圖書館

11394　摩訶般若波羅蜜經鈔　（後秦）釋
　　　　鳩摩羅什譯　唐寫本　敦煌研究院

11395　金剛般若波羅蜜經　（後秦）釋鳩
　　　　摩羅什譯　唐寫本　釋曇昉題記
　　　　浙江圖書館

11396　大般涅槃經（北本）卷第一至五
　　　　（北涼）釋曇無讖譯　歸義軍時期

寫本　國家圖書館

11397 大般涅槃經卷第六　（北涼）釋曇無讖譯　唐寫本　華東師範大學圖書館

11398 大般涅槃經卷第十五　（北涼）釋曇無讖譯　南北朝寫本　敦煌研究院

11399 大般涅槃經卷第二十六　（北涼）釋曇無讖譯　南北朝晚期寫本　北京市文物局圖書資料中心

11400 大般涅槃經卷第二十七　（北涼）釋曇無讖譯　隋寫本　國家圖書館

11401 佛名經（十六卷本）卷第十三　歸義軍時期寫本　國家圖書館

11402 佛説无量壽宗要經　吐蕃統治敦煌時期寫本　國家圖書館

11403 妙法蓮華經卷第二　（後秦）釋鳩摩羅什譯　宋乾德六年（968，歸義軍時期）寫本　國家圖書館

11404 妙法蓮華經卷第五　（後秦）釋鳩摩羅什譯　武周證聖元年（695）寫本　國家圖書館

11405 妙法蓮華經卷第六　（後秦）釋鳩摩羅什譯　唐大曆九年（774）寫本　國家圖書館

11406 思益梵天所問經卷第三　（後秦）釋鳩摩羅什譯　唐寫本　上海辭書出版社

11407 藥師瑠璃光七佛本願功德經卷下　（唐）釋義淨譯　唐八世紀寫本　國家圖書館

11408 大佛頂如來密因脩證了義諸菩薩萬行首楞嚴經卷第十　（唐）釋般刺蜜帝譯　歸義軍時期寫本　清華大學圖書館

11409 般若波羅蜜光贊經卷第十五　（晋）釋竺法護譯　唐寫本　青島市博物館

11410 佛説大藥善巧方便經卷上　（唐）釋義淨譯　唐寫本　敦煌研究院

11411 大智度論卷第十一　（後秦）釋鳩摩羅什譯　南北朝寫本　國家圖書館

11412 二入四行論　吐蕃統治敦煌時期寫本　國家圖書館

11413 金剛般若波羅蜜經注　歸義軍時期寫本　敦煌研究院

11414 三界寺藏内經論目録　（唐）釋道真撰　歸義軍時期寫本　敦煌研究院

11415 維摩詰所説經義記　唐寫本　青島市博物館

11416 佛圖棠所化經　南北朝寫本　敦煌研究院

11417 金剛般若波羅蜜經　（後秦）釋鳩摩羅什譯　般若波羅蜜多心經

（唐）釋玄奘譯　吐蕃統治敦煌時期寫本　國家圖書館

（三）宋遼金夏元時期

11418　周易程朱氏説二十卷　（宋）董楷輯　程子上下篇義一卷　（宋）程頤撰　朱子易圖説一卷周易五贊一卷筮儀一卷　（宋）朱熹撰　雜卦朱氏説一卷序卦程朱氏説一卷（宋）董楷輯　元刻本　路慎莊朱善旂跋　上海圖書館
存十一卷（一、四至八，程子上下篇義全，朱子易圖説全，周易五贊全，雜卦朱氏説全，序卦程朱氏説全）

11419　大易集義六十四卷　（宋）魏了翁輯　宋淳祐十二年（1252）魏克愚紫陽書院刻本（卷十一至十七抄配）　中共北京市委圖書館
存五十四卷（一下、五至十七、十九至二十八、三十一、三十六至六十四）

11420　附釋音尚書註疏二十卷　題（漢）孔安國傳　（唐）孔穎達疏（唐）陸德明釋文　元刻明修本延邊大學圖書館

11421　尚書圖一卷　宋刻本　胡珽黃裳跋　國家圖書館

11422　書集傳六卷　（宋）蔡沈撰　尚書纂圖一卷書序一卷　元刻本　南京圖書館

11423　詩集傳二十卷　（宋）朱熹撰　宋刻本　北京大學圖書館
存四卷（十四至十七）

11424　附釋音周禮註疏四十二卷　（漢）鄭玄注　（唐）賈公彥等疏（唐）陸德明釋文　元刻明修本（卷八、十七有補配）　北京市文物局圖書資料中心
存三十九卷（一至三十九）

11425　儀禮十七卷儀禮圖十七卷儀禮旁通圖一卷　（宋）楊復撰　元刻明修本　羅振常跋　上海圖書館
存十七卷（儀禮全）

11426　禮記二十卷　（漢）鄭玄注　宋刻遞修本　黃丕烈　韓應陛　張爾耆跋　國家圖書館
存九卷（五至八、十一至十五）

11427　析城鄭氏家塾重校三禮圖二十卷（宋）聶崇義集注　蒙古定宗二年（1247）析城鄭氏家塾刻本（卷一至二配清初毛氏汲古閣抄本）　國家圖書館

11428　司馬氏書儀十卷　（宋）司馬光撰宋刻元修本　國家圖書館

11429　監本附音春秋公羊註疏二十八卷

（漢）何休注　（唐）徐彥疏（唐）陸德明音義　元刻明修本
江西省樂平市圖書館

11430　四書章句集註標題二十一卷　（宋）熊禾撰　元刻本　國家圖書館
存二十卷（大學章句一卷或問一卷、中庸或問一卷、論語十卷、孟子七卷）

11431　漢隸分韻七卷　元刻本　北京大學圖書館

11432　廣韻五卷　（宋）陳彭年等撰　宋紹興刻本　沈曾植題詩　國家圖書館
存三卷（一至二、四）

11433　史記一百三十卷　（漢）司馬遷撰（南朝宋）裴駰集解　（唐）司馬貞索隱　宋乾道七年（1171）蔡夢弼東塾刻本（卷七至九、一百二十四至一百三十配宋淳熙三年張杅桐川郡齋刻八年耿秉重修本，卷一至六、十九至二十一、二十三至二十六、三十一至三十三、三十九至六十、七十一至八十、九十至一百六配宋刻十四行本，卷十至十五、二十七至三十、六十二至七十配另一宋刻本）　袁克文跋　國家圖書館

11434　古史六十卷　（宋）蘇轍撰　宋刻

遞修本（有抄配）　首都圖書館
存三卷（二十一至二十三）

11435　漢書一百卷　（漢）班固撰　（唐）顏師古注　元大德九年（1305）太平路儒學刻明成化正德遞修本　陝西省圖書館

11436　三國志六十五卷　（晉）陳壽撰（南朝宋）裴松之注　宋刻遞修公文紙印本（有配補）　國家圖書館

11437　晉書一百三十卷　（唐）房玄齡等撰宋嘉泰四年至開禧元年（1204—1205）秋浦郡齋刻本（卷九至十、十六至十八、六十二至六十六配明萬曆六年周若年、丁孟嘉刻本）國家圖書館
存六十四卷（四至五、七至十一、十六至十八、二十、三十三至三十四、四十四至四十五、四十八至五十五、六十二至六十八、七十一至七十二、七十六至七十九、八十六至八十九、九十五至九十七、九十九、一百一至一百三、一百七至一百十二、一百十五至一百十八、一百二十二至一百二十五、一百二十八至一百三十）

11438　周書五十卷　（唐）令狐德棻等撰宋刻宋元明遞修本　周星詒跋　國家圖書館

11439 隋書八十五卷 （唐）魏徵等撰
元刻明遞修本 重慶圖書館

11440 隋書八十五卷 （唐）魏徵等撰
元刻明遞修本 吉林省圖書館

11441 隋書八十五卷 （唐）魏徵等撰
元刻明遞修本 四川師範大學圖書
館

11442 唐書二百二十五卷 （宋）歐陽修
宋祁等撰 宋刻本（卷一百六十三
至一百六十四、二百十二至二百十
三配明刻本） 傅增湘跋 國家圖
書館
存一百二十四卷（九十七至二百
七、二百十二至二百二十二中、二
百二十四下至二百二十五）

11443 金史一百三十五卷目録二卷 （元）
脱脱等撰 元至正五年（1345）江
浙等處行中書省刻本 國家圖書館
存四十三卷（五、二十六、二十八
至二十九、三十三至三十八、四十
至四十五、四十八、五十一至五十
三、五十五至六十一、六十五至六
十七、七十七至七十八、八十七至
九十、九十八至一百、一百三、一
百十一至一百十二，目録上）

11444 續資治通鑑後集十五卷 （宋）劉
時舉撰 元陳氏餘慶堂刻本（卷十
三至十五配元至治張氏刻本） 國

家圖書館

11445 通鑑總類二十卷 （宋）沈樞輯
元至正二十三年（1363）吳郡庠刻
本 南開大學圖書館

11446 漢雋十卷 （宋）林鉞輯 宋嘉定
四年（1211）滁陽郡齋刻本 國家
圖書館

11447 輿地廣記三十八卷 （宋）歐陽忞
撰 宋九江郡齋刻嘉泰四年
（1204）淳祐十年（1250）遞修本
顧廣圻 黄丕烈 李盛鐸 袁克文
跋 國家圖書館
存二十一卷（十八至三十八）

11448 茅山志十五卷 （元）劉大彬撰
元刻本（卷三至七配明刻本，卷十
至十二、十四至十五配清劉履芬抄
本） 吳騫 章鈺跋 國家圖書館

11449 揚子法言十三卷 （漢）揚雄撰
（晋）李軌注 音義一卷 宋刻宋
元遞修本 顧廣圻 傅增湘跋 國
家圖書館

11450 西山先生真文忠公讀書記甲集三十
七卷丁集二卷 （宋）真德秀撰
宋福州學官刻元修本 乙集下二十
二卷 （宋）真德秀撰 宋開慶元
年（1259）福州官刻元修本 陝西
省圖書館

11451 西山先生真文忠公讀書記甲集三十

七

七卷 （宋）真德秀撰 宋福州學官刻元明遞修本 浙江圖書館

11452 類編圖經集註衍義本草四十二卷序例五卷 （宋）唐慎微撰 （宋）寇宗奭衍義 元刻本 中國書店

11453 茶經三卷 （唐）陸羽撰 宋刻百川學海本 四川省圖書館

11454 古今合璧事類備要前集六十九卷後集八十一卷續集五十六卷 （宋）謝維新輯 別集九十四卷外集六十六卷 （宋）虞載輯 宋刻本北京大學圖書館
存三十五卷（前集四十三至四十七，別集四十至四十五、五十七至六十六、七十五至八十八）

11455 新編排韻增廣事類氏族大全十集 元刻本 邵瑞彭跋 浙江圖書館
存三集（甲、乙、丙）

11456 因明論理門十四過類疏一卷 （唐）釋窺基撰 金皇統九年至大定十三年（1149—1173）刻元重修趙城金藏本 河北大學圖書館
存一卷（殘）

11457 石屋和尚住嘉興當湖福源禪寺語録一卷山居頌一卷 （元）釋至柔輯 元刻本 國家圖書館

11458 了堂和尚語録八卷 元刻本 國家圖書館

11459 曇芳和尚五會録不分卷 （元）釋繼祖等輯 元至正刻本 國家圖書館

11460 讀教記二十卷 （宋）釋法照撰 宋寶祐四年（1256）刻本 國家圖書館
存十六卷（一至十、十五至二十）

11461 北山録十卷 （唐）釋神清撰 （宋）釋慧寶注 宋刻本 項元汴袁克文跋 國家圖書館
存七卷（一至三、七至十）

11462 沖虛至德真經八卷 （晋）張湛注 （唐）殷敬順釋文 元末明初刻本 重慶圖書館

11463 沖虛至德真經八卷 （晋）張湛注 （唐）殷敬順釋文 元末明初刻本 雲南大學圖書館

11464 楚辭集註八卷辯證二卷後語六卷 （宋）朱熹撰 元後至元二年（1336）建安傅子安刻本 國家圖書館

11465 楚辭集註八卷 （宋）朱熹撰 元刻本 西南大學圖書館

11466 集千家註分類杜工部詩二十五卷文集二卷 （唐）杜甫撰 （宋）徐居仁編次 （宋）黃鶴補注 年譜一卷 （宋）黃鶴撰 元至正七年（1347）潘屏山圭山書院刻廣勤堂

印本　重慶圖書館

11467　集千家註分類杜工部詩二十五卷文
集二卷　（唐）杜甫撰　（宋）徐
居仁編次　（宋）黃鶴補注　年譜
一卷　（宋）黃鶴撰　元刻明修本
康有爲題記　鎮江市圖書館

11468　節孝先生文集三十卷　（宋）徐積
撰　節孝先生語一卷事實一卷本朝
名臣言行録一卷皇朝東都事略卓行
傳序一卷諸君子帖一卷　元刻明修
本　重慶圖書館

11469　范忠宣公文集二十卷　（宋）范純
仁撰　元刻本　鄭州大學圖書館

11470　華山廟碑　（漢）郭香察書　東漢
延熹八年（165）四月刻石　宋拓
本　姚鼐　趙之謙　羅惇曧　胡毅
生　李文田　李棪題簽　孫星衍
伊秉綬　趙魏　唐仲冕　張敦仁
湯貽汾　顧廣圻　龔自珍　宗源瀚
潘祖蔭　完顏崇實　沈秉成　陳澧
李文田等跋　香港中文大學中國文
化研究所文物館

11471　夏承碑　傳（漢）蔡邕書　東漢建
寧三年（170）刻石　宋拓本　黃
易　翁方綱　張塤題簽　潘奕雋題
端　豐道生　楊繩祖　翁方綱　李
宗瀚　潘奕雋　宋葆淳　吳榮光
鄭孝胥　于右任跋　香港中文大學

中國文化研究所文物館

11472　九成宮醴泉銘　（唐）魏徵撰
（唐）歐陽詢書　唐貞觀六年
（632）刻石　南宋拓本　汪廷璋
翁方綱題簽　沈鳳　翁方綱等跋
香港中文大學中國文化研究所文物
館

11473　李思訓碑　（唐）李邕撰并書　唐
開元八年（720）刻石　南宋拓本
（有補配）　翁方綱題簽并跋　魏
廣微　永瑆　英和　陳其錕　羅天
池　康有爲　黃賓虹　羅振玉　羅
惇曧　梁啓超　王國維　羅原覺等
跋　香港中文大學中國文化研究所
文物館

11474　淳化閣帖十卷　（宋）王著摹　北
宋淳化三年（992）原刻南宋重刻
南宋拓泉州本　繆曰藻　褚德彝
吳昌碩題簽　王文治題簽并跋　彭
紹升　潘奕雋　陸恭　顧蒓跋　香
港中文大學中國文化研究所文物館
存三卷（六至八）

11475　蘭亭序　（晋）王羲之撰并書　南
宋拓御府領字從山本（游似藏甲之
二）　香港中文大學中國文化研究
所文物館

11476　蘭亭序　（晋）王羲之撰并書　傳
（唐）歐陽詢臨　南宋拓錢塘許氏

本（游似藏乙之五）　香港中文大學中國文化研究所文物館

11477　蘭亭序　（晋）王羲之撰并書　南宋拓本（游似藏庚之三）　香港中文大學中國文化研究所文物館

（四）明清時期

11478　童溪王先生易傳三十卷　（宋）王宗傳撰　明抄本　寧波市天一閣博物館

11479　易序叢書十卷　（宋）趙汝楳撰　清初抄本　彭元瑞校并跋　上海圖書館
存七卷（一至二、六至十）

11480　易鄭氏爻辰廣義一卷易經傳互卦卮言一卷易章句異同一卷　（清）朱駿聲撰　稿本　浙江圖書館

11481　易學四同八卷　（明）季本撰　明嘉靖四十年（1561）刻本　北京大學圖書館

11482　易義提綱□卷　明抄本　遼寧省圖書館
存八卷（一至七、□）

11483　硯北易鈔不分卷　（清）黃叔琳輯　清初抄本　翁方綱籖注　文素松　王禮培跋　姜亮夫題款　浙江圖書館

11484　學易劄記三卷　（清）朱駿聲撰

稿本　朱師轍跋　浙江圖書館

11485　易釋不分卷　（清）黃以周撰　稿本　寧波市天一閣博物館

11486　鄭易小學一卷　（清）陶方琦撰　稿本　浙江圖書館

11487　書説七卷　（宋）黃度撰　明抄本　遼寧省圖書館
存六卷（二至七）

11488　書經集傳六卷　（宋）蔡沈撰　清嘉慶五年（1800）掃葉山房刻本　季錫疇批　錢式善題識　南京圖書館

11489　書經集註十卷　（宋）蔡沈撰　明刻本　浙江圖書館

11490　書義主意六卷　（元）王充耘撰　群英書義二卷　（元）張泰撰　清抄本　彭元瑞跋　上海圖書館

11491　書傳大全十卷綱領一卷圖一卷　（明）胡廣等輯　明刻本　無錫市圖書館

11492　古文尚書撰異不分卷　（清）段玉裁撰　稿本　佚名録臧庸　錢大昕校注　吳重熹　葉景葵跋　上海圖書館
缺兩篇（堯典、皋陶謨）

11493　尚書通義□卷　（清）邵懿辰撰　稿本　程鴻詔　邵章跋　國家圖書館

存二卷（六至七）

11494　毛詩七卷　（漢）毛亨傳　（漢）鄭玄箋　明刻本　高燮跋　復旦大學圖書館

11495　毛詩註疏二十卷詩譜序一卷　（漢）毛亨傳　（漢）鄭玄箋　（唐）孔穎達疏　（唐）陸德明音義　明前期刻本　謝无量題識　重慶圖書館

11496　毛詩要義二十卷譜序要義一卷　（宋）魏了翁撰　清道光二十九年（1849）翁心存家抄本　翁心存校并跋　翁同龢　翁曾文校　國家圖書館

11497　詩經疏義二十卷　（元）朱公遷撰　（明）王逢輯　（明）何英增釋　明書林三峰葉景逵刻本　康有爲跋　上海圖書館　存十八卷（一至十六、十九至二十）

11498　詩經疏義會通二十卷綱領一卷圖一卷　（元）朱公遷撰　（明）王逢輯　（明）何英增釋　明嘉靖二年（1523）書林劉氏安正書堂刻本（卷十九抄配）　復旦大學圖書館

11499　詩瀋五卷　（清）范家相撰　清乾隆內府寫南三閣四庫全書本　華東師範大學圖書館

11500　魯詩世學三十二卷首四卷　（宋）

豐稷正音　（明）豐慶續音　（明）豐耘補音　（明）豐熙正説　（明）豐坊考補　稿本　沈曾植跋　上海圖書館

11501　韓詩外傳十卷　（漢）韓嬰撰　明嘉靖十八年（1539）薛來芙蓉泉書屋刻本　龔橙校　莫棠跋　復旦大學圖書館

11502　校正詳增音訓周禮句解十二卷　（宋）朱申撰　明成化四年（1468）孫世榮刻本　陳鱣跋　國家圖書館

11503　周禮集説十一卷綱領一卷春官綱領一卷夏官綱領一卷秋官綱領一卷　（元）陳友仁輯　復古編一卷　（宋）俞庭椿撰　明成化十年（1474）張瑄刻本（卷六、十至十一配明刻本）　丁丙跋　南京圖書館

11504　重刊儀禮考註十七卷　（元）吳澄撰　明嘉靖元年（1522）宗文書堂刻本　遼寧省圖書館

11505　三禮便蒙不分卷　（清）焦循撰　手稿本　上海圖書館

11506　儀禮經傳通解三十七卷　（宋）朱熹撰　明正德十六年（1521）劉瑞、曹山刻本　江西省圖書館

11507　五禮異義不分卷　（清）黃以周撰

稿本　寧波市天一閣博物館

11508　樂律全書三十九卷　（明）朱載堉
撰　明萬曆鄭藩刻本　山東大學圖
書館

11509　春秋經傳集解三十卷　（晋）杜預
撰　（唐）陸德明釋文　春秋名號
歸一圖二卷　（後蜀）馮繼先撰
明刻本（首葉抄配）　允禮批點
華夏跋　北京師範大學圖書館

11510　春秋經傳集解三十卷　（晋）杜預
撰　（唐）陸德明釋文　明嘉靖刻
本　吉林省博物院
存五卷（六至十）

11511　春秋左氏傳補注十二卷　（清）沈
欽韓撰　稿本　國家圖書館

11512　左氏古義六卷　（清）臧壽恭撰
清勞氏丹鉛精舍抄本　勞格校并跋
國家圖書館

11513　春秋穀梁註疏二十卷　（晋）范寧
集解　（唐）楊士勛疏　（唐）陸
德明音義　明嘉靖李元陽刻十三經
注疏本　姚椿校　復旦大學圖書館

11514　春秋集註十一卷　（宋）張洽撰
綱領一卷　明嘉靖四十三年（1564）
朱睦㮮聚樂堂刻本　天津圖書館

11515　孝經註疏九卷　（唐）玄宗李隆基
注　（宋）邢昺疏　明前期刻本
江西省樂平市圖書館

11516　附音傍訓句解孟子七卷　（元）李
公凱撰　明初刻本　國家圖書館
存五卷（一至五）

11517　孟子四考四卷　（清）周廣業撰
稿本　寧波市天一閣博物館

11518　孟子正義三十卷　（清）焦循撰
稿本　汪鋆跋　南京圖書館

11519　四書集注二十八卷　（宋）朱熹撰
明正統十二年（1447）司禮監刻本
廣西民族大學圖書館

11520　四書蒙引十五卷　（明）蔡清撰
明嘉靖六年（1527）刻本　北京大
學圖書館

11521　泉齋簡端録十二卷　（明）邵寶撰
明秦榛刻本　浙江圖書館

11522　唐石經攷異十三卷　（清）錢大昕
撰　清袁氏貞節堂抄本　臧庸　瞿
中溶　顧廣圻校并跋　國家圖書館

11523　爾雅三卷　（晋）郭璞注　埤雅二
十卷　（宋）陸佃撰　明刻本　吉
林省圖書館

11524　字學九辨□□卷　（清）吳翌鳳編
稿本　華東師範大學圖書館
存四卷（七至九、十四）

11525　羣經音辨七卷　（宋）賈昌朝撰
明抄本　馮知十跋　陸貽典校并跋
國家圖書館

11526　埤雅二十卷　（宋）陸佃撰　明前

期刻本（原缺卷六、十二） 中國藝術研究院圖書館

11527 埤雅二十卷 （宋）陸佃撰 明前期刻本（原缺卷六、十二） 北京大學圖書館

11528 埤雅二十卷 （宋）陸佃撰 明前期刻本（原缺卷六、十二） 鄧邦述跋 上海圖書館

11529 重刊埤雅二十卷 （宋）陸佃撰 明前期刻本 北京師範大學圖書館

11530 説文解字注三十卷 （清）段玉裁撰 清乾隆嘉慶間段氏經韻樓刻本 翁同書批并跋 南京圖書館
存十八卷（一、三至十九）

11531 説文解字繫傳四十卷 （南唐）徐鍇撰 附録一卷 清乾隆四十七年（1782）汪啓淑刻本 盧文弨 汪啓淑 梁同書校 丁丙跋 南京圖書館

11532 説文解字繫傳四十卷 （南唐）徐鍇撰 校勘記三卷 （清）承培元等撰 清道光十九年（1839）祁寯藻刻本 何紹基録王筠校跋及陳慶鏞跋 譚澤闓 袁思亮跋 上海圖書館

11533 説文釋例八卷 （清）王筠撰 稿本 國家圖書館

11534 説文義例征訂不分卷 （清）陳倬

撰 稿本 南京圖書館

11535 大廣益會玉篇三十卷 （南朝梁）顧野王撰 （唐）孫強增字 （宋）陳彭年等重修 玉篇廣韻指南一卷 明前期刻本 北京師範大學圖書館

11536 新加九經字樣一卷 （唐）唐玄度撰 清初席氏釀華草堂影宋抄本 國家圖書館

11537 班馬字類五卷 （宋）婁機撰 明刻本 北京市西城區第一圖書館

11538 班馬字類五卷 （宋）婁機撰 清影宋抄本 清高宗弘曆跋 吉林省博物院
存一卷（一）

11539 六書正譌五卷 （元）周伯琦撰 明崇禎七年（1634）胡正言十竹齋刻本 王筠批 青島市博物館

11540 漢隸分韻七卷 明正德十一年（1516）刻本 南京圖書館

11541 六書本義十二卷圖一卷 （明）趙撝謙撰 明正德十五年（1520）胡東皋刻本 曹元忠跋 南京圖書館

11542 六書索隱五卷 （明）楊慎撰 明嘉靖刻本 河南省圖書館

11543 金石韻府五卷 （明）朱雲撰 明朱墨抄本 浙江圖書館

11544 集韻十卷 （宋）丁度等撰 清初

錢氏述古堂影宋抄本　上海圖書館

11545 切韻考一卷　（清）陳澧撰　稿本
　　　廣東省立中山圖書館

11546 切韻考殘稿一卷　（清）陳澧撰
　　　稿本　廣東省立中山圖書館

11547 切韻考外編三卷　（清）陳澧撰
　　　稿本　廣東省立中山圖書館

11548 古今韻會舉要三十卷禮部韻畧七音
　　　三十六母通攷一卷　　（元）熊忠撰
　　　明嘉靖六年（1527）鄭氏宗文堂刻
　　　本　北京大學圖書館

11549 新編經史正音切韻指南一卷（元）
　　　劉鑑撰　清咸豐趙同鈞抄本　趙同
　　　鈞　趙宗德校　王振聲批并跋　南
　　　京圖書館

11550 韻畧易通二卷　（明）蘭茂撰　明
　　　嘉靖三十二年（1553）高岐刻本
　　　華東師範大學圖書館

11551 類聚音韻三十卷　（明）熊晦撰
　　　明嘉靖十三年（1534）宗文堂刻本
　　　東北師範大學圖書館
　　　存二十四卷（七至三十）

11552 史記一百三十卷　（漢）司馬遷撰
　　　（南朝宋）裴駰集解　明正德十年
　　　（1515）白鹿洞書院刻本　山西博
　　　物院

11553 史記一百三十卷　（漢）司馬遷撰
　　　（南朝宋）裴駰集解　（唐）司馬

貞索隱　（唐）張守節正義　明嘉
靖四年（1525）汪諒刻本　上海圖
書公司

11554 史記一百三十卷　（漢）司馬遷撰
　　　（南朝宋）裴駰集解　（唐）司馬
　　　貞索隱　（唐）張守節正義　明嘉
　　　靖四至六年（1525—1527）王延喆
　　　刻本　諸洛批校　復旦大學圖書館

11555 史記一百三十卷　（漢）司馬遷撰
　　　（南朝宋）裴駰集解　（唐）司馬
　　　貞索隱　（唐）張守節正義　明嘉
　　　靖四至六年（1525—1527）王延喆
　　　刻本（有明嘉靖四年汪諒刻本、嘉
　　　靖十三年秦藩朱惟焯刻本補配）
　　　傅增湘校　山西博物院

11556 校刊史記集解索隱正義札記五卷
　　　（清）張文虎撰　稿本　浙江圖書
　　　館

11557 古史六十卷　（宋）蘇轍撰　清乾
　　　隆內府寫南三閣四庫全書本　四川
　　　師範大學圖書館
　　　存一卷（十七）

11558 通志二百卷　（宋）鄭樵撰　清乾
　　　隆內府寫南三閣四庫全書本　四川
　　　師範大學圖書館
　　　存一卷（八十七）

11559 通志略五十二卷　（宋）鄭樵撰
　　　明嘉靖二十九年（1550）陳宗夔等

刻本　吉林省圖書館

11560　舊五代史一百五十卷目録二卷　（宋）
薛居正等撰　（清）邵晋涵等輯
清乾隆内府寫南三閣四庫全書本
四川師範大學圖書館
存十卷（二十四至二十六、一百二
十六至一百三十二）

11561　五代史七十四卷　（宋）歐陽修撰
（宋）徐無黨注　清乾隆内府寫南
三閣四庫全書本　四川師範大學圖
書館
存四卷（二十一至二十四）

11562　五代史吳越世家疑辯一卷　（明）
馬蓋臣撰　明嘉靖三十九年
（1560）錢德洪刻本　北京大學圖
書館

11563　班史藝文志一卷　（漢）班固撰
明嘉靖三十年（1551）許初抄本
萬臺題首　李兆洛　楊大中題款
方來等二十四人跋　浙江圖書館

11564　漢書疏證三十六卷後漢書疏證三十
卷　（清）沈欽韓撰　清抄本　黃
以周批校　武漢大學圖書館

11565　東觀漢記二十四卷　清乾隆内府寫
南三閣四庫全書本　四川師範大學
圖書館
存六卷（六至十一）

11566　後漢書九十卷　（南朝宋）范曄撰

（唐）李賢注　志三十卷　（晋）
司馬彪撰　（南朝梁）劉昭注　明
萬曆二十四年（1596）北京國子監
刻本傅山批校　山西博物院
存一百十一卷（一至八十、九十至
一百二十）

11567　後漢書九十卷　（南朝宋）范曄撰
（唐）李賢注　志三十卷　（晋）
司馬彪撰　（南朝梁）劉昭注　清
乾隆内府寫南三閣四庫全書本　四
川師範大學圖書館
存三卷（六十八至七十）

11568　隋書八十五卷　（唐）魏徵等撰
清乾隆内府寫南三閣四庫全書本
四川師範大學圖書館
存二卷（二十一至二十二）

11569　隋經籍志考證十三卷　（清）章宗
源撰　清抄本　孫詒讓校并跋　傅
以禮校　李濟鏴跋　浙江圖書館

11570　舊唐書二百卷　（後晋）劉昫等撰
清乾隆内府寫南三閣四庫全書本
四川師範大學圖書館
存二卷（九十一至九十二）

11571　唐書二百二十五卷　（宋）歐陽修
宋祁等撰　清乾隆内府寫南三閣四
庫全書本　四川師範大學圖書館
存三卷（一百五十至一百五十二）

11572　南唐書三十卷　（宋）馬令撰　明

嘉靖二十九年（1550）顧汝達刻本
首都師範大學圖書館

11573 南唐書三十卷 （宋）馬令撰 明
嘉靖二十九年（1550）顧汝達刻本
朱天梵跋 河北大學圖書館

11574 明史地理志稿不分卷 （清）萬斯
同撰 清萬氏家抄本 馮貞群跋
浙江圖書館

11575 少微通鑑節要五十卷外紀四卷
（宋）江贄撰 明正德九年（1514）
司禮監刻本 山東省圖書館

11576 少微通鑑節要五十卷外紀四卷
（宋）江贄撰 資治通鑑節要續編
三十卷 （明）張光啓撰 明正德
九年（1514）司禮監刻本 東北師
範大學圖書館

11577 資治通鑑綱目五十九卷 （宋）朱
熹撰 明成化九年（1473）內府刻
本 甘肅省甘谷縣圖書館

11578 資治通鑑綱目發明五十九卷 （宋）
尹起莘撰 明內府刻本 河南省社
會科學院文獻信息中心

11579 資治通鑑綱目發明五十九卷 （宋）
尹起莘撰 明內府刻本 首都圖書
館

11580 資治通鑑綱目集覽五十九卷 （元）
王幼學撰 （明）陳濟正誤 明內
府刻本 首都圖書館

11581 續資治通鑑綱目二十七卷 （明）
商輅等撰 明成化十二年（1476）
內府刻本 山西博物院

11582 續資治通鑑綱目二十七卷 （明）
商輅等撰 （明）周禮發明
（明）張時泰廣義 明弘治十七年
（1504）慎獨齋刻本 遼寧省圖書
館

11583 資治通鑑節要續編三十卷 （明）
張光啓撰 明正德九年（1514）司
禮監刻本 山西博物院

11584 歷代通鑑纂要九十二卷 （明）李
東陽 劉機等撰 明正德十四年
（1519）慎獨齋刻本 東北師範大
學圖書館

11585 御批歷代通鑑輯覽一百二十卷
（清）傅恒等撰 清乾隆內府寫南
三閣四庫全書本 四川師範大學圖
書館
存一卷（七十一）

11586 古今全史一覽四卷 （明）舒弘諤
撰 （清）李漁續 （清）黃中道
刪訂 清康熙三十八年（1699）澹
寧齋精抄本 羅振常 秦更年跋
鎮江市圖書館

11587 西漢年紀三十卷 （宋）王益之撰
清乾隆內府寫南三閣四庫全書本
四川師範大學圖書館

存二卷（二十四至二十五）

11588 大唐創業起居注三卷 （唐）溫大
雅撰 清乾隆吳翌鳳抄本 吳翌鳳
校并跋 國家圖書館

11589 續資治通鑑長編五百二十卷目録二
卷 （宋）李燾撰 清乾隆內府寫
南三閣四庫全書本 四川師範大學
圖書館
存十五卷（三百四十六至三百五十
六、三百五十九至三百六十、三百
七十三至三百七十四）

11590 建炎以來繫年要録二百卷 （宋）
李心傳撰 清乾隆內府寫南三閣四
庫全書本 四川師範大學圖書館
存二卷（一百七十五至一百七十
六）

11591 國榷不分卷 （清）談遷撰 清康
熙抄本 佚名校 浙江圖書館

11592 兩朝從信録三十五卷 （明）沈國
元撰 明崇禎刻本 祁彪佳批并跋
黃裳跋 南京圖書館

11593 東華録六卷 （清）蔣良騏撰
（清）奕賡校證 稿本 東北師範
大學圖書館

11594 大清太祖高皇帝實録十卷首三卷
（清）勒德洪 明珠等纂修 清乾
隆十一年（1746）內府寫本 遼寧
省檔案館

11595 大清太宗文皇帝實録六十五卷首三
卷 （清）圖海 勒德洪等纂修
清乾隆十一年（1746）內府寫本
遼寧省檔案館

11596 大清世祖章皇帝實録一百四十四卷
首三卷 （清）巴泰 圖海等纂修
清乾隆十一年（1746）內府寫本
遼寧省檔案館

11597 大清聖祖仁皇帝實録三百卷首三卷
（清）馬齊 朱軾等纂修 清乾隆
十一年（1746）內府寫本 遼寧省
檔案館

11598 大清世宗憲皇帝實録一百五十九卷
首三卷 （清）鄂爾泰 張廷玉等
纂修 清乾隆十一年（1746）內府
寫本 遼寧省檔案館

11599 大清高宗純皇帝實録一千五百卷首
五卷 （清）慶桂 董誥等纂修
清嘉慶十二年（1807）內府寫本
遼寧省檔案館

11600 大清仁宗睿皇帝實録三百七十四卷
首四卷 （清）曹振鏞 戴均元等
纂修 清道光四年（1824）內府寫
本 遼寧省檔案館

11601 大清宣宗成皇帝實録四百七十六卷
首四卷 （清）文慶 花沙納等纂
修 清咸豐六年（1856）內府寫本
遼寧省檔案館

11602 大清文宗顯皇帝實錄三百五十六卷
首四卷 （清）賈楨 周祖培等纂
修 清同治五年（1866）內府寫本
遼寧省檔案館

11603 大清穆宗毅皇帝實錄三百七十四卷
首四卷 （清）寶鋆 沈桂芬等纂
修 清光緒六年（1880）內府寫本
遼寧省檔案館

11604 通鑑紀事本末四十二卷 （宋）袁
樞撰 明萬曆三十五年（1607）黃
吉士刻本 曹學佺批點 林佶跋
龔綸題記 福建省圖書館

11605 繹史一百六十卷 （清）馬驌撰
清乾隆內府寫南三閣四庫全書本
四川師範大學圖書館
存二卷（八十六之四、一百四十七
下）

11606 平定準噶爾方略正編八十五卷
（清）傅恒 福德等撰 清乾隆內
府寫南三閣四庫全書本 四川師範
大學圖書館
存四卷（三十五至三十八）

11607 欽定平定兩金川方畧一百五十二卷
（清）阿桂等撰 清乾隆內府寫南
三閣四庫全書本 四川師範大學圖
書館
存六卷（四十至四十二、一百十九
至一百二十一）

11608 貞觀政要十卷 （唐）吳兢撰
（元）戈直集論 明成化元年
（1465）內府刻本 東北師範大學
圖書館

11609 貞觀政要十卷 （唐）吳兢撰
（元）戈直集論 明成化元年
（1465）內府刻本 翟文選跋 遼
寧省圖書館

11610 松漠記聞一卷續一卷 （宋）洪皓
撰 清抄本［四庫底本］ 國家圖
書館

11611 辛巳泣蘄録一卷 （宋）趙與裕撰
清初抄本 廣東省立中山圖書館

11612 革除編年不分卷 明抄本 遼寧省
圖書館

11613 永樂聖政記三卷 （明）張輔撰
明抄本 寧波市天一閣博物館
存二卷（二至三）

11614 國史考異六卷 （清）潘檉章撰
清初抄本 南京圖書館

11615 南渡録五卷 （清）李清撰 清抄
本 傅以禮題款并跋 附周星詒手
札 浙江圖書館

11616 大清太祖高皇帝聖訓四卷 清乾隆
十一年（1746）內府寫本 遼寧省
檔案館

11617 大清太宗文皇帝聖訓六卷 清乾隆
十一年（1746）內府寫本 遼寧省

檔案館

11618 大清世祖章皇帝聖訓六卷　清乾隆十一年（1746）內府寫本　遼寧省檔案館

11619 大清聖祖仁皇帝聖訓六十卷　清乾隆十一年（1746）內府寫本　遼寧省檔案館

11620 大清世宗憲皇帝聖訓三十六卷　清乾隆十一年（1746）內府寫本　遼寧省檔案館

11621 大清高宗純皇帝聖訓三百卷　清嘉慶十二年（1807）內府寫本　遼寧省檔案館

11622 大清仁宗睿皇帝聖訓一百十卷　清道光四年（1824）內府寫本　遼寧省檔案館

11623 大清宣宗成皇帝聖訓一百三十卷　清咸豐六年（1856）內府寫本　遼寧省檔案館

11624 大清穆宗毅皇帝聖訓一百六十卷　清光緒六年（1880）內府寫本　遼寧省檔案館
存一百五十五卷（六至一百六十）

11625 歷代名臣奏議三百五十卷　　（明）黃淮　楊士奇等輯　明永樂內府刻本　南開大學圖書館

11626 歷代名臣奏議三百五十卷　　（明）黃淮　楊士奇等輯　明永樂內府刻

本　東北師範大學圖書館

11627 歷代名臣奏議三百五十卷　　（明）黃淮　楊士奇等輯　清乾隆內府寫南三閣四庫全書本　四川師範大學圖書館
存一卷（二百一）

11628 劉東山招由一卷　明嘉靖十七年（1538）刻本　寧波市天一閣博物館

11629 浙江海防兵糧疏一卷　明嘉靖刻本　寧波市天一閣博物館

11630 張簡肅公奏議三卷　（明）張敷華撰　明抄本　寧波市天一閣博物館

11631 管通群奏稿不分卷附中丞公行述稿一卷　（清）管通群撰　稿本　湖南省社會科學院圖書館

11632 虁齋奏稿不分卷　（清）翁同書撰　稿本　國家圖書館

11633 三史統三十六卷　（明）屠本畯撰　明屠氏霞爽閣抄本　浙江圖書館

11634 古今列女傳三卷　（明）解縉等撰　明永樂元年（1403）內府刻本　國家圖書館

11635 續高士傳二卷廉吏傳三卷　　（明）張允掄撰　稿本　烟臺市博物館

11636 宋朝道學名臣言行錄外集十七卷（宋）李幼武輯　明張鰲山刻本　康有爲跋　宋實穎題識　鎮江市圖

書館

11637 國朝名臣事略十五卷 （元）蘇天
爵撰 清抄本 李兆洛 繆荃孫跋
沈炳垣校并跋 北京師範大學圖書
館

11638 明女史八卷 （清）萬言撰 稿本
佚名批校 浙江圖書館

11639 畿輔人物略不分卷 （清）孫承澤
撰 稿本 國家圖書館

11640 蛟川耆舊傳不分卷 （清）姚燮撰
手稿本 浙江圖書館

11641 漢壽亭侯誌二卷 （元）胡琦撰
明嘉靖刻本 北京大學圖書館

11642 誥授奉直大夫都察院湖廣道監察御
史何公墓碑銘一卷何母陳宜人榮壽
序一卷 （清）毛奇齡撰 稿本
沈秉鈺題簽并題款 浙江圖書館

11643 越州西山以揆道禪師塔誌銘一卷
（清）毛奇齡撰 稿本 浙江圖書
館

11644 祁忠敏公年譜一卷 （明）王思任
撰 稿本 國家圖書館

11645 祁忠敏公日記十五卷（明崇禎四年
至南明弘光元年） （明）祁彪佳
撰 清祁氏遠山堂抄本 浙江圖書
館

11646 觀我齋日記不分卷 （清）祁寯藻
撰 稿本 劉承幹跋 國家圖書館

11647 日譜不分卷（清嘉慶二十年至同治
四年） （清）管庭芬撰 稿本
浙江圖書館

11648 清代宗室覺格玉牒五十一種 清內
府寫本 遼寧省檔案館
列祖子孫宗室覺格玉牒一卷 清順
治十八年（1661）內府寫本
列祖子孫宗室覺格玉牒一卷 清康
熙九年（1670）內府寫本
列祖子孫宗室覺格玉牒一卷 清康
熙十八年（1679）內府寫本
列祖子孫宗室覺格玉牒一卷 清康
熙二十七年（1688）內府寫本
列祖子孫宗室覺格玉牒一卷 清康
熙三十六年（1697）內府寫本
列祖子孫宗室覺格玉牒一卷 清康
熙四十五年（1706）內府寫本
列祖子孫宗室覺格玉牒一卷 清雍
正二年（1724）內府寫本
列祖子孫宗室覺格玉牒一卷 清雍
正十一年（1733）內府寫本
列祖子孫宗室覺格玉牒一卷 清乾
隆七年（1742）內府寫本
列祖子孫宗室覺格玉牒一卷 清乾
隆十四年（1749）內府寫本
列祖子孫宗室覺格玉牒一卷 清乾
隆二十五年（1760）內府寫本
列祖子孫宗室覺格玉牒一卷 清乾

隆三十三年（1768）内府寫本

列祖子孫宗室豎格玉牒一卷　清乾
隆五十三年（1788）内府寫本

列祖子孫宗室豎格玉牒一卷　清嘉
慶三年（1798）内府寫本

列祖子孫宗室豎格玉牒一卷　清嘉
慶十二年（1807）内府寫本

列祖子孫宗室豎格玉牒一卷　清嘉
慶二十三年（1818）内府寫本

列祖子孫宗室豎格玉牒一卷　清道
光八年（1828）内府寫本

列祖子孫宗室豎格玉牒一卷　清道
光十八年（1838）内府寫本

列祖子孫宗室豎格玉牒一卷　清道
光二十八年（1848）内府寫本

列祖子孫宗室豎格玉牒一卷　清咸
豐八年（1858）内府寫本

列祖子孫宗室豎格玉牒一卷　清同
治六年（1867）内府寫本

列祖子孫宗室豎格玉牒一卷　清光
緒三年（1877）内府寫本

列祖子孫宗室豎格玉牒一卷　清光
緒十三年（1887）内府寫本

列祖子孫宗室豎格玉牒一卷　清光
緒二十三年（1897）内府寫本

列祖子孫宗室豎格玉牒一卷　清光
緒三十三年（1907）内府寫本

列祖女孫宗室豎格玉牒一卷　清順

治十八年（1661）内府寫本

列祖女孫宗室豎格玉牒一卷　清康
熙九年（1670）内府寫本

列祖女孫宗室豎格玉牒一卷　清康
熙十八年（1679）内府寫本

列祖女孫宗室豎格玉牒一卷　清康
熙二十七年（1688）内府寫本

列祖女孫宗室豎格玉牒一卷　清康
熙三十六年（1697）内府寫本

列祖女孫宗室豎格玉牒一卷　清康
熙四十五年（1706）内府寫本

列祖女孫宗室豎格玉牒一卷　清雍
正二年（1724）内府寫本

列祖女孫宗室豎格玉牒一卷　清雍
正十一年（1733）内府寫本

列祖女孫宗室豎格玉牒一卷　清乾
隆七年（1742）内府寫本

列祖女孫宗室豎格玉牒一卷　清乾
隆十四年（1749）内府寫本

列祖女孫宗室豎格玉牒一卷　清乾
隆二十五年（1760）内府寫本

列祖女孫宗室豎格玉牒一卷　清乾
隆三十三年（1768）内府寫本

列祖女孫宗室豎格玉牒一卷　清乾
隆四十三年（1778）内府寫本

列祖女孫宗室豎格玉牒一卷　清乾
隆五十三年（1788）内府寫本

列祖女孫宗室豎格玉牒一卷　清嘉

慶三年（1798）内府寫本

列祖女孫宗室曁格玉牒一卷　清嘉慶十二年（1807）内府寫本

列祖女孫宗室曁格玉牒一卷　清嘉慶二十三年（1818）内府寫本

列祖女孫宗室曁格玉牒一卷　清道光八年（1828）内府寫本

列祖女孫宗室曁格玉牒一卷　清道光十八年（1838）内府寫本

列祖女孫宗室曁格玉牒一卷　清道光二十八年（1848）内府寫本

列祖女孫宗室曁格玉牒一卷　清咸豐八年（1858）内府寫本

列祖女孫宗室曁格玉牒一卷　清同治六年（1867）内府寫本

列祖女孫宗室曁格玉牒一卷　清光緒三年（1877）内府寫本

列祖女孫宗室曁格玉牒一卷　清光緒十三年（1887）内府寫本

列祖女孫宗室曁格玉牒一卷　清光緒二十三年（1897）内府寫本

列祖女孫宗室曁格玉牒一卷　清光緒三十三年（1907）内府寫本

11649　休寧率口程氏本宗譜十卷　（明）程曾纂修　明正德六年（1511）刻本　浙江圖書館
存五卷（六至十）

11650　陳氏家乘舊譜序跋一卷　（清）陳

潋輯　稿本　廣東省立中山圖書館

11651　寶祐四年登科録一卷　明刻本　華東師範大學圖書館

11652　書系十六卷　（明）唐大章撰　南明隆武二年（1646）刻本　遼寧省圖書館
存十三卷（一至十三）

11653　漢雋十卷　（宋）林鉞輯　明正統四年（1439）刻本　東北師範大學圖書館

11654　元史節要十四卷　（明）張美和輯　明張克文刻本　曲阜師範大學圖書館

11655　括地志不分卷　（唐）李泰撰　（清）孫星衍輯　清抄本　陳若疇校并跋　武漢大學圖書館

11656　聖朝混一方輿勝覽三卷　明初刻事文類聚翰墨全書後乙集本　中央民族大學圖書館

11657　江南通志二百卷首四卷　（清）尹繼善等纂修　清乾隆内府寫南三閣四庫全書本　四川師範大學圖書館
存一卷（一百九十七）

11658　［嘉靖］廣平府志十六卷　（明）翁相　陳棐纂修　明嘉靖二十九年（1550）刻藍印本　寧波市天一閣博物館

11659　［洪武］蘇州府志五十卷　（明）

盧熊纂修　明洪武刻本（毛氏汲古閣抄補）　毛晋　宋賓王　黃丕烈校　國家圖書館

11660　［洪武］蘇州府志五十卷　（明）盧熊纂修　明洪武刻本　傅增湘跋　汪希董跋并録黃廷鑑校跋及顧遴士跋　南京圖書館

11661　［弘治］上海志八卷　（明）郭經　唐錦纂修　明弘治刻本　寧波市天一閣博物館

11662　［嘉靖］太原縣志六卷　（明）高汝行纂修　明嘉靖三十年（1551）刻本　東北師範大學圖書館

11663　［嘉靖］萊蕪縣志八卷　（明）陳甘雨纂修　明嘉靖二十七年（1548）刻藍印本　寧波市天一閣博物館

11664　［嘉靖］儀封縣志不分卷　明抄本　寧波市天一閣博物館

11665　［正德］新鄉縣志六卷　（明）儲珊　李錦纂修　明抄本　寧波市天一閣博物館

11666　［弘治］偃師縣誌四卷　（明）魏津纂修　明抄本　寧波市天一閣博物館

11667　［弘治］嘉興府志三十二卷　（明）柳琰纂修　明弘治刻本　上海圖書館

11668　［康熙］臨川縣志三十卷　（清）胡亦堂纂修　清康熙刻本　撫州市臨川區圖書館

11669　［嘉靖］歸州志二卷　（明）王錫　張時纂修　明嘉靖刻藍印本　寧波市天一閣博物館

11670　［嘉靖］惠安縣志十三卷　（明）莫尚簡　張岳纂修　明嘉靖刻藍印本　寧波市天一閣博物館

11671　［嘉靖］長泰縣誌六卷　明抄本　寧波市天一閣博物館

11672　［萬曆］建寧府志五十二卷首一卷　（明）丁繼嗣　朱東光等纂修　明天啓刻本　福建省圖書館　存四十九卷（一至三十四、三十八至五十二）

11673　［嘉靖］仁化縣志五卷　（明）胡居安纂修　明抄本　寧波市天一閣博物館

11674　六朝事迹編類二卷　（宋）張敦頤撰　明抄本　周星詒批并跋　福建省圖書館

11675　中吳紀聞六卷　（宋）龔明之撰　明弘治七年（1494）嚴春刻本　佚名録毛晋跋　顧湄校并跋　南京圖書館

11676　中吳紀聞六卷　（宋）龔明之撰　明末毛氏汲古閣刻本　王芑孫校并

跋　南京圖書館

11677　吳中舊事一卷　（元）陸友仁撰
明隆慶元年（1567）居節抄本　居
節跋　南京圖書館

11678　夢梁録二十卷　（宋）吳自牧撰
清抄本　吳騫校補　劉履芬校并跋
曹元忠跋　南京圖書館

11679　武林舊事六卷　（宋）周密撰　明
正德十三年（1518）宋廷佐刻本
方穀跋　浙江圖書館

11680　城東雜録二卷　（清）厲鶚撰　清
乾隆抄本　盧文弨校并跋　浙江圖
書館

11681　龍門志三卷　（明）樊得仁撰　明
刻本　河北大學圖書館

11682　華嶽全集十一卷　（明）李時芳撰
明嘉靖四十一年（1562）刻本　北
京大學圖書館

11683　行水金鑑一百七十五卷首一卷　（清）
傅澤洪撰　清雍正三年（1725）淮
揚官署刻本　王芑孫跋　暨南大學
圖書館

11684　具區志十六卷　（清）翁澍撰　清
康熙刻本　北京市文物局圖書資料
中心

11685　蕭山三江閘議一卷　（清）毛奇齡
撰　手稿本　浙江圖書館

11686　徐霞客遊記不分卷　（明）徐弘祖

撰　清鮑氏知不足齋抄本　鮑廷博
校　吳騫　唐翰題跋　國家圖書館

11687　使琉球録一卷　（明）陳侃　高澄
撰　日本國考略一卷補遺一卷
（明）薛俊撰　明抄本　天津圖書
館

11688　季漢官爵考三卷　（清）周廣業撰
稿本　南京圖書館

11689　宋宰輔編年録二十卷　（宋）徐自
明撰　清嘉慶二年（1797）王氏十
萬卷樓抄本（卷一至二配清抄本）
王宗炎校并跋　丁丙跋　南京圖書
館

11690　學政録一卷　（明）朱衡撰　明嘉
靖三十年（1551）興化府刻本　寧
波市天一閣博物館

11691　國子監通志十卷　（明）邢讓撰
明成化三年（1467）刻本　寧波市
天一閣博物館
存九卷（一至五、七至十）

11692　文獻通考三百四十八卷　（元）馬
端臨撰　明嘉靖三年（1524）司禮
監刻本　中共內蒙古自治區委員會
黨校圖書館

11693　六部纂修條例不分卷　明抄本　天
津圖書館

11694　明謚考四卷　（清）傅以禮撰　稿
本　余紹宋跋　浙江圖書館

11695 冕服鹵簿儀仗圖不分卷　明抄彩繪本　北京市文物局圖書資料中心

存六冊（皇帝、中宮、皇妃冠服，東宮、東宮妃冠服，親王、親王妃冠服，公主、世子、郡王、郡王妃、郡主妃冠服；大射儀仗圖；鹵簿圖）

11696 江西賦役紀十五卷　明刻本　寧波市天一閣博物館

存十卷（二至六、十一至十五）

11697 漕運議單不分卷　明抄本　寧波市天一閣博物館

11698 長蘆鹽法志十八卷首一卷　（清）徵瑞等纂修　（清）沈延年繪圖　清內府抄本　南開大學圖書館

11699 軍政一卷　明嘉靖二十六年（1547）刻本　寧波市天一閣博物館

11700 兵部武選司條例不分卷　明抄本　寧波市天一閣博物館

11701 嘉靖新例不分卷　明抄本　寧波市天一閣博物館

11702 西都雜例一卷　明抄本　寧波市天一閣博物館

11703 風紀輯覽四卷　（明）傅漢臣輯　明嘉靖十年（1531）刻本　吉林大學圖書館

11704 船政不分卷　明嘉靖刻本　寧波市天一閣博物館

11705 崇文總目六十六卷　（宋）王堯臣等撰　明抄本　寧波市天一閣博物館

存六十五卷（卷三原缺）

11706 四庫全書纂校事略不分卷　（清）翁方綱撰　稿本　南京圖書館

11707 古歡堂経籍舉要一卷　（清）吳翌鳳撰　稿本　章鈺跋　南京圖書館

11708 南濠文跋四卷　（明）都穆撰　清環翠山房抄本　吳錫麒校并跋　南京圖書館

11709 周秦刻石釋音一卷　（元）吾丘衍撰　清抄本　勞格校　上海圖書館

11710 集古印譜一卷　（明）顧從德輯　明隆慶鈐印本　巢勝題簽并跋　浙江圖書館

11711 史通會要三卷　（明）陸深撰　明天啓四年（1624）萬泰抄本　萬泰萬學詩跋　浙江圖書館

11712 諸子節録六種六卷　清焦氏抄本　焦循校并跋　上海圖書館

11713 荀子二十卷　明黃之寀刻二十子本　葉奕校并跋　葉樹廉跋　國家圖書館

11714 新書十卷　（漢）賈誼撰　明正德九年（1514）陸相刻本　陸心源跋　并録楊節跋　浙江圖書館

11715 新刊鹽鐵論十卷　（漢）桓寬撰

明初刻本　國家圖書館

11716　新序十卷　（漢）劉向撰　明刻本
黃丕烈校并跋　陸損之校　孫星衍
跋　國家圖書館

11717　新刊劉向先生説苑二十卷　（漢）
劉向撰　明永樂十四年（1416）西
園精舍刻本　丁丙跋　南京圖書館

11718　纂圖互註揚子法言十卷　（漢）揚
雄撰　（晋）李軌　（唐）柳宗元
（宋）宋咸　吳祕　司馬光注　明
前期刻本　孫鐵泉題記　重慶圖書
館

11719　申鑒五卷　（漢）荀悦撰　（明）
黃省曾注　明正德十四年（1519）
黃氏文始堂刻嘉靖重修本　馬一浮
題記并跋　浙江圖書館

11720　中説十卷　題（隋）王通撰　（宋）
阮逸注　明前期刻本　喬松年　蔣
寶齡跋　復旦大學圖書館

11721　公是先生弟子記一卷　（宋）劉敞
撰　明穴研齋抄本　王芑孫跋　國
家圖書館

11722　讀書録十卷讀書續録十二卷　（明）
薛瑄撰　明嘉靖三十四年（1555）
沈維藩刻本　瞿鴻機　丁福保跋
南京圖書館

11723　西田語畧二十三卷續集二十九卷
（明）樊深撰　明嘉靖二十七年

（1548）刻本　北京大學圖書館

11724　艾雲蒼先生希聖録不分卷　（明）
艾自新撰　明萬曆二十六年（1598）
刻本　吉林省圖書館

11725　武經七書七卷　明嘉靖三十四年
（1555）陸束河南刻本　河南省獲
嘉縣檔案館

11726　江東十鑑一卷　（宋）李舜臣撰
清彭氏知聖道齋抄本　彭元瑞校并
跋　國家圖書館

11727　克敵武畧熒惑神機十卷　明抄本
浙江圖書館

11728　内經博議四卷　（清）羅美撰　清
抄本　孫從添校并跋　南京圖書館

11729　本草品彙精要四十二卷　（明）劉
文泰　徐鎮等撰　明抄彩繪本　國
家圖書館
存十一卷（一至二、十三、二十四
至二十六、三十、三十二、三十四
至三十五、四十）

11730　新刊河間劉守真傷寒直格三卷
（金）劉完素撰　後集一卷　（元）
鎦洪撰　續集一卷　（元）馬宗素
撰　別集張子和心鏡一卷　（金）
張從正撰　明洪武六年（1373）陳
氏書堂刻本　國家圖書館

11731　潛溪續編新增傷寒蘊要全書二卷
（明）彭用光撰　明嘉靖四十一年

（1562）胡惱刻本　中國科學院上海生命科學信息中心

11732　世醫得效方二十卷　（元）危亦林撰　明書林魏家刻本　國家圖書館

11733　丹溪心法附餘二十四卷首一卷　（明）方廣輯　明嘉靖十五年（1536）姚文清、陳講刻公文紙印本　浙江圖書館

11734　不自秘方一卷　題梅山逸叟輯　明弘治十六年（1503）趙倫刻本　徐乃昌跋　國家圖書館

11735　袖珍方四卷　（明）李恒撰　明初刻本　國家圖書館

11736　魁本袖珍方大全四卷　（明）李恒撰　明嘉靖十八年（1539）熊氏種德書堂刻本　浙江圖書館

11737　衛生易簡方十二卷附録一卷　（明）胡濙撰　明宣德二年（1427）刻本　重慶圖書館

11738　衛生易簡方十二卷附録一卷　（明）胡濙撰　明嘉靖四十一年（1562）淮安府刻本　中國科學院上海生命科學信息中心

11739　明醫雜著一卷續一卷　（明）王綸撰　明弘治十五年（1502）刻本　浙江圖書館

11740　醫論問答一卷醫論一卷　（明）王綸撰　明嘉靖刻本　浙江圖書館

11741　重校宋竇太師瘡瘍經驗全書十二卷　（宋）竇默撰　（明）竇夢齡增輯　明隆慶三年（1569）三衢大西堂刻本　浙江圖書館

11742　原機啓微集二卷　（元）倪維德撰　（明）薛己校補　附録一卷　明嘉靖刻本　無錫市圖書館

11743　便產須知二卷　明嘉靖三十九年（1560）張景賢刻本　浙江圖書館

11744　類證註釋錢氏小兒方訣十卷　（宋）錢乙撰　（明）熊宗立注　明正德三年（1508）存德書堂刻本　山東省圖書館

11745　週天星鑑一卷　（明）章士純撰　明抄本　福建省圖書館

11746　大統曆註不分卷　明抄本　丁丙跋　南京圖書館

11747　筭法全能集二卷　（明）賈亨撰　明初刻本　吉林大學圖書館

11748　重學七卷　（英國）胡威立撰　（英國）艾約瑟口譯　（清）李善蘭筆受　清咸豐五年（1855）韓氏讀有用書齋抄本　韓應陛跋　東北師範大學圖書館

11749　皇極經世書卦玄玄集不分卷　明抄本　丁丙跋　南京圖書館

11750　乾象通鑑一百卷　題（宋）李季撰　明抄本　莫棠　康有爲跋　國家圖

書館

11751 六壬日占不分卷　明藍印朱抄本
國家圖書館

11752 易占經緯四卷附録一卷　（明）韓
邦奇輯　明嘉靖二十七年（1548）
金城刻本　南京圖書館

11753 臞仙肘後經二卷　（明）朱權撰
明刻本　東北師範大學圖書館

11754 禽星易見一卷　（明）池本理撰
明抄本〔四庫底本〕　國家圖書館

11755 蘇米齋蘭亭考八卷　（清）翁方綱
撰　稿本　王樹枏跋　國家圖書館
存一卷（八）

11756 宣和畫譜二十卷　明抄本　韓應陛
跋　上海圖書館

11757 寶印齋印式二卷　（明）汪關藏并
篆刻　明萬曆四十二年（1614）汪
關鈐印本　李流芳　汪關　畢瀧跋
程嘉燧　唐汝詢題詩　南京圖書館

11758 明臣印譜二卷　（明）詹荷篆刻
明萬曆三十六年（1608）刻鈐印本
南京圖書館

11759 印雋二卷　（明）梁褰篆刻并輯
明鈐印本　蘇州圖書館

11760 古今印選二卷續一卷　（明）吳可
賀輯　明萬曆刻鈐印本　浙江圖書
館

11761 叢珠館印譜二卷　（明）曹一鯤篆

11762 承清館印譜初集一卷續集一卷　（明）
張灝輯　明刻鈐印本　西泠印社

11763 承清館印譜初集一卷續集一卷　（明）
張灝輯　明刻鈐印本　蘇州圖書館

11764 曲水軒印志二卷　（明）黃賞篆刻
并輯　明刻鈐印本　南京圖書館

11765 學山堂印譜八卷學山記一卷學山紀
遊一卷學山題咏一卷　（明）張
灝輯　明崇禎刻鈐印本　浙江圖
書館

11766 茶書二十七種三十三卷　（明）喻
政編　明萬曆四十一年（1613）刻
本　丁丙跋　南京圖書館

11767 蔣氏藿經十四卷　（明）蔣德璟撰
明天啓六年（1626）刻本　南京大
學圖書館

11768 晁氏客語一卷　（宋）晁説之撰
明弘治十四年（1501）華珵刻百川
學海本〔四庫底本〕　王國維校并
跋　國家圖書館

11769 石林燕語十卷　（宋）葉夢得撰
明正德元年（1506）楊武刻本　丁
丙跋　南京圖書館

11770 元城先生語録三卷　（宋）馬永卿
編　元城先生行録一卷　（明）崔
銑輯　明正德十三年（1518）張儒
刻本　丁丙跋　南京圖書館

11771　猗覺寮襍記二卷　（宋）朱翌撰　清初抄本　武漢圖書館

11772　北牕炙輠録二卷　（宋）施德操撰　清乾隆陸烜刻奇晋齋叢書本　吳騫校跋并録鮑廷博跋　丁祖蔭跋并録鮑廷博跋　上海圖書館

11773　齊東野語二十卷　（宋）周密撰　明崇禎毛氏汲古閣刻津逮秘書本　勞權校并補目又録吳翌鳳校跋　上海圖書館

11774　庶齋老學叢談三卷　（元）盛如梓撰　清抄本　鮑廷博校　黃丕烈校并跋　上海圖書館

11775　南村輟耕録三十卷　（明）陶宗儀撰　明成化十年（1474）戴珊刻本　中央民族大學圖書館

11776　霏雪録不分卷　（明）鎦績撰　清初抄本　鮑廷博校　吳騫校并跋　上海圖書館

11777　荷亭辨論十卷補遺一卷　（明）盧格撰　清乾隆三十九年（1774）盧文弨抄本（卷六至十、補遺配清抄本）　盧文弨校并跋　丁丙跋　南京圖書館

11778　餘冬序録六十五卷　（明）何孟春撰　明嘉靖七年（1528）郴州何氏家塾刻本　徐熥跋　暨南大學圖書館

11779　新刻批點金罍子上篇二十卷中篇十二卷下篇十二卷　（明）陳絳撰　（明）李維楨批點　明泰昌元年（1620）刻本　山西省祁縣圖書館

11780　林子會編七十九種一百十七卷　（明）林兆恩撰　明萬曆刻本　方濬師跋　南京大學圖書館

11781　却掃編三卷　（宋）徐度撰　明穴研齋抄本　黃丕烈校并跋　國家圖書館

11782　藝圃球瑯二卷　（明）蔣以忠　蔣以化撰　明吳航書林李氏善慶堂刻本　無錫市圖書館

11783　東西均不分卷　（清）方以智撰　清初方氏家抄本　方以智校　安徽博物院

11784　金屑一撮不分卷　清雍正内府銅活字印本　首都圖書館

11785　蟲獲軒筆記纂一卷　（清）張爲儒撰　（清）吳昂駒輯　清吳氏拜經樓抄本　吳騫跋　上海圖書館

11786　東齋脞语一卷　（清）吳翌鳳撰　稿本　陳鱣跋　南京圖書館

11787　潛邱札記七卷補正日知録一卷　（清）閻若璩撰　清抄本　吳騫校并跋　陳鱣校　上海圖書館

11788　十駕齋養新録二十卷餘録三卷竹汀先生日記鈔三卷　（清）錢大昕撰

清嘉慶刻本　陳鱣校　上海圖書館

11789　雲谿友議三卷　（唐）范攄撰　明刻本　顧廣圻　丁丙跋　南京圖書館

11790　雲溪友議十二卷　（唐）范攄撰明萬曆商濬刻稗海本　曹炎校　上海圖書館

11791　鶴山雅言一卷　（宋）魏了翁撰清盧氏抱經堂抄本　盧文弨校并跋上海圖書館

11792　山居新話一卷　（元）楊瑀撰　清抄本　鮑廷博校并題識　上海圖書館

11793　能書四卷　（明）孫作撰　後録一卷　明抄本　黃丕烈跋　南京圖書館
存四卷（二至四、後録全）

11794　立齋閑録四卷　（明）宋端儀撰明抄本　羅振玉題記　遼寧省圖書館

11795　蝶菴道人清夢録一卷　（明）顧成憲撰　明祁氏淡生堂抄本　祁駿佳録祁承爜跋　丁丙跋　南京圖書館

11796　筠軒清閟録三卷　題（明）董其昌撰　清鮑氏困學齋抄本　鮑廷博校上海圖書館

11797　便於蒐檢四卷　明衡藩刻本　王存善跋　浙江圖書館

11798　博物志十卷　題（晋）張華撰（宋）周日用等注　明刻本　陳鱣跋　浙江圖書館

11799　西京雜記二卷　題（晋）葛洪撰明銅活字印本　上海圖書館

11800　述異記二卷　題（南朝梁）任昉撰明萬曆何允中刻廣漢魏叢書本　葉樹廉校并跋　上海圖書館

11801　闕史二卷　（唐）高彥休撰　清抄本［四庫底本］　清高宗弘曆題識吉林大學圖書館

11802　太平廣記五百卷目録十卷　（宋）李昉等輯　明嘉靖四十五年（1566）談愷刻本（卷七至十、十七至二十、二百六十一至二百六十四、三百六至三百七、四百七十七，目録卷八至十配清抄本）　周星詒跋國家圖書館

11803　括異志十卷　（宋）張師正撰　明抄本　黃丕烈跋　南京圖書館

11804　藝文類聚一百卷　（唐）歐陽詢輯明正德十年（1515）華堅蘭雪堂銅活字印本　顧希昭跋　上海圖書館

11805　歷代蒙求一卷　（宋）王芮撰　（元）鄭鎮孫纂注　清初毛氏汲古閣影元抄本　上海圖書館

11806　太平御覽一千卷目録十五卷　（宋）李昉等輯　明萬曆二年（1574）周

堂銅活字印本（卷二百九至二百
十、二百四十、二百七十二至二百
七十五、二百八十三至二百八十
五、三百十一至三百十五、四百七
十一至四百七十五抄配）　南開大
學圖書館

存六百九十五卷（一至三百五十、
四百五十一至五百、六百二十一至
七百、八百一至一千，目録全）

11807　新刻事物紀原十卷　（宋）高承輯
明胡文煥刻格致叢書本　陳鱣校并
跋　上海圖書館

11808　新編事文類聚翰墨大全后甲集十五
卷后乙集十三卷后丙集十二卷后丁
集十四卷后戊集九卷　（元）劉應
李輯　明初刻本　南開大學圖書館

11809　策場備覽一百七十三卷　（明）唐
周輯　明抄本　浙江圖書館

11810　欽定古今圖書集成一萬卷目録四十
卷　（清）蔣廷錫　陳夢雷等輯
清雍正四年（1726）内府銅活字印
光緒間描潤本　清華大學圖書館
存八百七十六卷（方輿彙編職方典
六百三十三至六百三十四、八百五
十五至八百五十八、一千二百三
十七至一千二百四十，山川典一百四
十一至一百六十；明倫彙編皇極典
二百八十一至二百九十，宮闈典六

十五至六十八、七十七至一百、一
百二十九至一百三十，官常典六十
七至八十、二百三至二百八、二百
十一至二百二十、二百二十五至二
百二十六、二百八十一至二百八十
八、二百九十一至三百、四百八十
一至五百，家範典九十五至一百十
六，氏族典六十七至七十八、二百
六十一至二百七十二、二百八十一
至三百，閨媛典二百二十一至二百
四十、三百十三至三百六十；博物
彙編藝術典一至二十、四百四十一
至四百四十四、四百四十七至四百
四十八、四百五十三至四百六十，
神異典五十一至五十二、五十五至
五十六、二百二十一至二百六十，
草木典二百六十七；理學彙編經籍
典一至二十、一百二十一至一百四
十、二百一至二百二十、二百六十
一至二百六十二、二百六十七至二
百八十二、二百八十五至三百、三
百二十一至三百二十六、三百四十
一至三百六十、三百九十七至四百
二十八、四百八十五至五百，學行
典十七至一百十、二百四十一至二
百八十，文學典一百七至一百十
四、一百四十一至一百六十、二百
四十一至二百六十；經濟彙編食貨

典六十一至八十、二百三至二百二十、二百四十一至二百六十，禮儀典三百一、三百三至三百四、三百六、三百九至三百十、三百十三，樂律典四十九至八十、九十七至一百十六，祥刑典九十一至一百八，考工典一百五十三至一百六十二、一百六十五至一百九十二）

11811 賜題備選不分卷 （清）查昇輯 清查昇家抄本 吉林市圖書館

11812 永樂南藏六千三百三十一卷續藏四百十卷 明永樂十至十五年（1412—1417）刻萬曆十二年（1584）續刻本（有補抄、補刻）新鄉市圖書館 存六千四十一冊

11813 金剛般若波羅蜜經 明永樂泥金銀寫本 北京市文物局圖書資料中心

11814 大方廣佛華嚴經八十卷 （唐）釋實叉難陀譯 明萬曆釋海玉刺血抄本 安徽省九華山歷史文物館

11815 大般涅槃經四十卷 （北涼）釋曇無讖譯 大般涅槃經後分二卷大乘本生心地觀經八卷 （唐）釋般若譯 大方便佛報恩經七卷 佚名譯 大方廣佛華嚴經八十卷 （唐）釋實叉難陀譯 金光明最勝王經十卷 （唐）釋義淨譯 明甘州如松、藏卜省吉等泥金銀寫本 甘肅省張掖市甘州區博物館 存一百二十六卷（大般涅槃經全，大般涅槃經後分全，大乘本生心地觀經全，大方便佛報恩經全，大方廣佛華嚴經一至四十、四十六至五十五、六十一至六十五、七十一至七十五，金光明最勝王經一至九）

11816 元叟和尚語録一卷 （元）釋行端撰 （元）釋法林輯 明洪武刻本 黃丕烈跋 南京圖書館

11817 法苑珠林述意二卷 （明）周天球輯 稿本 遼寧省圖書館

11818 清庵先生中和集前集三卷後集三卷 （元）李道純撰 （元）蔡志頤輯 清影元抄本 丁丙跋 南京圖書館

11819 南華真經十卷 （晋）郭象注 （唐）陸德明音義 明桐陰書屋刻六子書本 袁廷檮跋并録顧之逵校 葉景葵跋 上海圖書館

11820 古蒙莊子四卷 （明）吳宗儀校釋 明萬曆三十九年（1611）王繼賢蒙城縣學刻本 顧廣圻 鈕樹玉校 上海圖書館

11821 真詮二卷 （明）桑喬撰 明嘉靖刻本 北京大學圖書館

11822 觀化集一卷 （明）朱約佶撰 明嘉靖刻本 北京大學圖書館

11823 天主實義二卷 （意大利）利瑪竇

述　明萬曆三十五年（1607）汪汝淳燕貽堂刻天啓印本　劉墉跋　浙江圖書館

11824　顧氏明朝四十家小説四十種四十三卷　（明）顧元慶編　明嘉靖十八至二十年（1539—1541）顧氏大石山房刻本　廈門大學圖書館

11825　武英殿聚珍版書一百三十八種二千四百十六卷　清乾隆武英殿活字印本（易緯、漢官舊儀、魏鄭公諫續錄、帝範注爲清乾隆三十八年武英殿刻本）　河南省社會科學院文獻信息中心

11826　楚辭章句十七卷　（漢）王逸撰　明正德十三年（1518）黃省曾、高第刻本　湖南圖書館

11827　楚辭章句十七卷　（漢）王逸撰　明正德十三年（1518）黃省曾、高第刻本　雲南省圖書館

11828　楚辭章句十七卷　（漢）王逸撰　（宋）洪興祖補注　明刻本　山西博物院

11829　楚辭章句十七卷　（漢）王逸撰　（宋）洪興祖補注　明刻本　廣東省立中山圖書館

11830　曹子建集十卷　（三國魏）曹植撰　明銅活字印本　趙鈁跋　國家圖書館

11831　曹詩二卷　（三國魏）曹植撰　（明）朱多炤輯　明依隱亭刻本　沈曾植批　雲南大學圖書館

11832　陶靖節集六卷　（晋）陶潛撰　明崇禎十三年（1640）葉益蓀春晝堂刻本　錢陸燦批點并跋　上海圖書館

11833　謝宣城詩集五卷　（南朝齊）謝朓撰明末毛氏汲古閣影宋抄本　北京大學圖書館

11834　徐孝穆全集六卷　（南朝陳）徐陵撰　（清）吳兆宜箋注　備考一卷（清）徐文炳撰　清刻本　王芑孫批并跋　上海圖書館

11835　陳伯玉文集十卷　（唐）陳子昂撰　明弘治四年（1491）楊澄刻本　胡珽跋　國家圖書館

11836　張説之文集二十五卷　（唐）張説撰　明嘉靖十六年（1537）伍氏龍池草堂刻本　彭年校　錢穀跋　國家圖書館

11837　劉隨州文集十一卷　（唐）劉長卿撰　清乾隆四十一年（1776）盧文弨抄本　盧文弨校跋并録何焯跋　國家圖書館

11838　顏魯公文集十五卷補遺一卷（唐）顏真卿撰　年譜一卷（宋）留元剛撰　附録一卷　明嘉

靖二年（1523）安國安氏館刻本　趙鈁跋　國家圖書館

11839　李翰林全集四十二卷目録四卷　（唐）李白撰　（明）劉世教輯　年譜一卷　（宋）薛仲邕撰　明萬曆四十年（1612）刻合刻分體李杜全集本　趙士春批　海濱漫士題識　翁同龢跋　上海圖書館

11840　韋蘇州集十卷拾遺一卷　（唐）韋應物撰　明刻本　葉德輝　葉啟勳跋　湖南圖書館

11841　韋蘇州集十卷拾遺一卷　（唐）韋應物撰　明崇禎毛氏汲古閣刻唐人六集本　錢陸燦批點　上海圖書館

11842　岑嘉州詩八卷　（唐）岑參撰　明抄本　黃丕烈跋　國家圖書館

11843　杜少陵集十卷　（唐）杜甫撰　明正德刻本　東北師範大學圖書館

11844　讀杜詩愚得十八卷　（明）單復撰　明天順元年（1457）朱熊梅月軒刻弘治十四年（1501）重修本　雲南大學圖書館

11845　杜律七言頗解四卷　（明）王維楨撰　明嘉靖三十七年（1558）朱茹刻本　北京大學圖書館

11846　杜工部集二十卷　（唐）杜甫撰　（清）錢謙益箋注　年譜一卷諸家詩話一卷唱酬題詠附録一卷附録一

卷　清康熙六年（1667）季氏靜思堂刻本　錢陸燦批　上海圖書館

11847　杜工部集十八卷　（唐）杜甫撰　清杭世駿抄本　杭世駿録王士禛屈復批　葉德輝　葉啟發跋　湖南圖書館

11848　杜詩附記二十卷　（清）翁方綱撰　稿本　梁章鉅跋　吳嵩梁　李彥章題款　國家圖書館

11849　朱文公校昌黎先生文集四十卷外集十卷遺文一卷　（唐）韓愈撰　（宋）朱熹考异　（宋）王伯大音釋　傳一卷　明初刻本　復旦大學圖書館

11850　朱文公校昌黎先生文集四十卷外集十卷遺文一卷　（唐）韓愈撰　（宋）朱熹考异　（宋）王伯大音釋　傳一卷　明正統十三年（1448）書林王宗玉刻本　廣東省博物館

11851　柳文四十三卷別集二卷外集二卷　（唐）柳宗元撰　附録一卷　明嘉靖十六年（1537）游居敬刻韓柳文本　方苞批　馬其昶跋　陳寶琛等題識　上海師範大學圖書館

11852　增廣註釋音辯唐柳先生集四十三卷別集二卷外集二卷　（唐）柳宗元撰　（宋）童宗説注釋　（宋）張

敦頤音辯　（宋）潘緯音義　附録
一卷　明初刻本　何焯批校并跋
南京圖書館

11853　白氏長慶集七十一卷目録二卷
（唐）白居易撰　附録一卷　明萬
曆三十四年（1606）馬元調刻元白
長慶集本（卷三、十七配清抄本）
魏禧　曹炎批　王應奎跋　上海圖
書館

11854　白樂天文集三十六卷　（唐）白居
易撰　明正德十四年（1519）郭勛
刻本　國家圖書館

11855　沈下賢文集十二卷　（唐）沈亞之
撰　明謝肇淛小草齋抄本　復旦大
學圖書館

11856　周賀詩集一卷　（唐）周賀撰　清
初毛氏汲古閣影宋抄本　東北師範
大學圖書館

11857　樊川文集二十卷　（唐）杜牧撰
明刻本　何紹基批校并跋　葉德輝
葉啟勳跋　湖南圖書館

11858　杜牧之文抄一卷　（唐）杜牧撰
明末刻八代文抄本　徐炯校　王芑
孫批校并跋　上海圖書館

11859　李羣玉詩集三卷後集五卷　（唐）
李群玉撰　清道光四年（1824）黃
氏士禮居影宋抄本　黃丕烈跋　國
家圖書館

11860　重刊校正笠澤叢書四卷補遺詩一卷
（唐）陸龜蒙撰　清雍正九年
（1731）陸鍾輝水雲漁屋刻本　吳
騫校并跋　上海圖書館

11861　徐公文集三十卷　（宋）徐鉉撰
清乾隆三十九年（1774）盧氏抱經
堂抄本　盧文弨校并跋　國家圖書
館

11862　河東先生集十五卷　（宋）柳開撰
清初抄本　王聞遠校并跋　上海圖
書館

11863　王黃州小畜集三十卷　（宋）王禹
偁撰　明抄本　張宗祥批校并跋
浙江圖書館

11864　安陽集五十卷　（宋）韓琦撰　明
正德九年（1514）張士隆刻本　中
共北京市委圖書館

11865　孫明復小集一卷　（宋）孫復撰
附録一卷　清鮑氏知不足齋抄本
鮑廷博校并跋　上海圖書館

11866　歐陽文忠公集一百五十三卷　（宋）
歐陽修撰　年譜一卷　（宋）胡
柯撰　附録五卷　明天順六年
（1462）程宗刻本　山西博物院

11867　臨川先生文集一百卷　（宋）王安
石撰　明刻本　吉林省博物院
存二卷（九十五至九十六）

11868　蘇東坡詩集注三十二卷　（宋）蘇

軾撰　題（宋）呂祖謙分編　題（宋）王十朋纂集　年譜一卷（宋）王宗稷撰　清康熙三十七年（1698）朱從延文蔚堂刻本　查慎行批注　上海圖書館

11869　施註蘇詩四十二卷總目二卷（宋）蘇軾撰　（宋）施元之　顧禧注（清）邵長蘅　顧嗣立　宋至删補蘇詩續補遺二卷　（宋）蘇軾撰（清）馮景補注　王註正譌一卷（清）邵長蘅撰　東坡先生年譜一卷　（宋）王宗稷撰　清康熙三十八年（1699）宋犖刻本　查慎行批注　上海圖書館

11870　豫章黃先生文集三十卷外集十四卷別集二十卷簡尺二卷詞一卷　（宋）黃庭堅撰　伐檀集二卷　（宋）黃庶撰　山谷先生年譜三十卷（宋）黃䎖撰　明弘治葉天爵刻嘉靖六年（1527）喬遷、余載仕重修本　山西博物院

11871　山谷老人刀筆二十卷　（宋）黃庭堅撰　明刻本　安徽師範大學圖書館

11872　寶晉英光集殘册　（宋）米芾撰明抄本　石韞玉跋　福建省圖書館

11873　劉給事文集五卷　（宋）劉安上撰附錄一卷　清鮑氏知不足齋抄本

〔四庫底本〕　鮑廷博校并跋　上海圖書館

11874　斜川集六卷　（宋）蘇過撰　訂誤一卷　（清）吳長元撰　附錄二卷補遺二卷續抄一卷附錄一卷　清乾隆五十三年（1788）趙懷玉亦有生齋刻嘉慶十六年（1811）唐仲冕增刻本　鮑廷博　傅以禮校并跋　楊海題識　上海圖書館

11875　斜川詩集十卷　題（宋）蘇過撰清活字印本　吳騫校并跋　上海圖書館

11876　斜川詩集十卷　題（宋）蘇過撰清活字印本　陳鱣校并跋　上海圖書館

11877　龜山先生集三十五卷　（宋）楊時撰　年譜一卷　（宋）黃去疾撰附錄一卷　明正德十二年（1517）沈暉刻本　湖南圖書館

11878　雪溪詩五卷　（宋）王銍撰　清馬氏小玲瓏山館抄本〔四庫底本〕上海圖書館

11879　胡澹菴先生文集六卷　（宋）胡銓撰　附一卷　（清）鮑廷博補輯清乾隆鮑氏知不足齋抄本　鮑廷博校并跋　上海圖書館

11880　香溪先生范賢良文集二十二卷（宋）范浚撰　明成化十五年

（1479）唐韶刻遞修本　丁丙跋
南京圖書館

11881　侍郎葛公歸愚集十卷　（宋）葛立
方撰　清抄本　勞格校　王頌蔚跋
上海圖書館

11882　竹洲文集二十卷　（宋）吳儆撰
附錄一卷　明弘治六年（1493）吳
雷亨刻本　國家圖書館

11883　周益文忠公集二百卷　（宋）周必
大撰　附錄五卷　明純白齋抄本
上海辭書出版社

11884　梅溪先生廷試策一卷奏議四卷文集
二十卷後集二十九卷　（宋）王十
朋撰　附錄一卷　明初刻本　重慶
圖書館

11885　梅溪先生廷試策一卷奏議四卷文
集二十卷後集二十九卷　（宋）
王十朋撰　附錄一卷　明正統五
年（1440）劉謙、何濆刻天順六年
（1462）重修本　陝西省圖書館

11886　淳熙稿二十卷　（宋）趙蕃撰　清
乾隆翰林院抄本［四庫底本］　國
家圖書館

11887　石湖居士集三十四卷　（宋）范成
大撰　明弘治十六年（1503）金蘭
館銅活字印本　上海圖書館

11888　方是閑居士小藁二卷　（宋）劉學
箕撰　清初毛氏汲古閣影元抄本

嚴元照跋　國家圖書館

11889　漁墅類稿八卷　（宋）陳元晉撰
清乾隆翰林院抄本［四庫底本］
朱文鼎　孫曙滄校　國家圖書館

11890　梅亭先生四六標準四十卷　（宋）
李劉撰　明范氏臥雲山房抄本　浙
江圖書館
存十卷（一至十）

11891　後村居士詩二十卷　（宋）劉克莊
撰　明抄本　錢允治　朱之赤校并
跋　陸嘉穎跋　上海圖書館

11892　彝齋文編四卷　（宋）趙孟堅撰
補遺一卷　（清）鮑廷博輯
（清）勞權續輯　清仁和勞氏家抄
本　勞權校并抄補　上海圖書館

11893　玉楮集八卷　（宋）岳珂撰　清乾
隆內府寫南三閣四庫全書本　吉林
市圖書館

11894　勿軒先生文集八卷附卷一卷續集一
卷　（宋）熊禾撰　清抄本　張金
吾校并跋　李兆洛　蔣因培跋　張
蓉鏡題識　上海圖書館

11895　馮秋水先生評定存雅堂遺藁十三卷
補刊一卷　（宋）方鳳撰　（清）
張燧輯　清順治十一年（1654）方
兆儀等刻雍正二年（1724）補刻本
（卷六至十配清抄本）　鮑廷博
勞權　勞格校　葉景葵跋　上海圖

書館

11896 閑閑老人滏水文集二十卷 （金）
趙秉文撰 附録一卷 清初抄本
〔四庫底本〕 鮑廷博校 錢桂森
跋 上海圖書館

11897 遺山先生文集四十卷 （金）元好
問撰 附録一卷 明弘治十一年
（1498）李瀚刻本 廣東省博物館

11898 遺山先生文集四十卷 （金）元好
問撰 附録一卷 明弘治十一年
（1498）李瀚刻本 徐𤞤跋 福建
省圖書館

11899 遺山先生文集四十卷 （金）元好
問撰 附録一卷 （明）儲罐輯
清康熙四十六年（1707）華希閔刻
本 王鳴盛批 陳鱣校 上海圖書
館

11900 遺山先生詩集二十卷 （金）元好
問撰 明弘治十一年（1498）李瀚
刻本 黃裳跋 國家圖書館

11901 月屋樵吟四卷 （元）黃庚撰 清
抄本 鮑廷博校并跋 上海圖書館

11902 剡源戴先生文集三十卷 （元）戴
表元撰 明萬曆九年（1581）戴洵
刻本 鮑廷博校 趙懷玉跋 上海
圖書館

11903 巴西鄧先生文集一卷 （元）鄧文
原撰 補遺一卷 （清）鮑廷博輯

清嘉慶鮑氏知不足齋抄本 鮑廷博
校并抄補序目 上海圖書館

11904 靜脩先生詩文拾遺七卷續集三卷
（元）劉因撰 文集附録二卷 明
弘治十八年（1505）崔喦刻嘉靖十
六年（1537）汪堅重修本 陝西省
圖書館

11905 秋澗先生大全文集一百卷 （元）
王惲撰 清張穆家抄本 張穆批校
葉啟發跋 湖南圖書館
存二十七卷（四十七至六十一、八
十至八十三、九十三至一百）

11906 陳剛中詩集三卷 （元）陳孚撰
附録一卷 清清風萬卷堂抄本 鮑
廷博校 上海圖書館

11907 貢文靖公雲林詩集六卷 （元）
貢奎撰 附録一卷 明弘治三年
（1490）范吉刻本 南京圖書館

11908 翰林楊仲弘詩八卷 （元）楊載撰
明嘉靖十五年（1536）遼藩朱寵瀤
刻本 葉啟勳跋 湖南圖書館

11909 圭齋文集十六卷 （元）歐陽玄撰
清彭氏知聖道齋抄本 彭元瑞 翁
同龢校并跋 上海圖書館

11910 清江碧嶂集一卷 （元）杜本撰
清抄本 宋賓王校并跋 上海圖書
館

11911 蛻菴詩五卷 （元）張翥撰 清鮑

氏知不足齋抄本　鮑廷博校　上海
圖書館

11912　五峰集六卷文集一卷雁山十記一卷
（元）李孝光撰　補遺三卷
（清）鮑廷博輯　清鮑廷博抄本
鮑廷博　勞格批校　中山大學圖書
館

11913　聞過齋集八卷　（元）吳海撰　清
乾隆鮑氏知不足齋抄本　鮑廷博校
并補録遺詩　上海圖書館

11914　鐵崖先生古樂府十六卷　（元）楊
維楨撰　明初刻本　葉德輝　葉啟
勳　葉啟發跋　湖南圖書館

11915　鐵崖賦藁二卷　（元）楊維楨撰
清仁和勞氏家抄本　勞權校　勞格
校并跋　上海圖書館

11916　楊鐵崖先生文集十卷　（元）楊維
楨撰　明天啓馬宏道抄本　葉啟勳
葉啟發跋　湖南圖書館

11917　石門集七卷　（明）梁寅撰　清初
抄本　黃丕烈　金錫爵　戴光曾
葉啟勳　葉啟發跋　湖南圖書館

11918　清江貝先生文集三十卷詩集十卷詩
餘一卷　（明）貝瓊撰　明洪武刻
本　貝墉跋　重慶圖書館

11919　清江貝先生詩集十卷　（明）貝瓊
撰　明洪武刻本　丁丙跋　南京圖
書館

11920　全室外集九卷續集一卷　（明）釋
宗泐撰　明前期刻本　廣東省立中
山圖書館

11921　解學士先生集三十一卷　（明）解
縉撰　明天順元年（1457）黃諫刻
本　盧子樞題識　國家圖書館

11922　巽隱程先生文集四卷　（明）程本
立撰　明嘉靖吳昂刻本　黃丕烈
葉啟勳　葉啟發跋　湖南圖書館

11923　楊文定公詩集七卷　（明）楊溥撰
明抄本　羅繼祖跋　南京圖書館

11924　東里文集二十五卷詩集三卷續編
六十二卷別集三卷　（明）楊士
奇撰　附録四卷　明嘉靖二十九年
（1550）黃如桂刻本　黃虞稷跋
國家圖書館

11925　東里詩集三卷　（明）楊士奇撰
明正統刻重修本　黃丕烈　葉啟勳
葉啟發跋　湖南圖書館

11926　王皆山先生白雲樵唱二卷　（明）
王恭撰　明抄本［四庫底本］　徐
乃昌題識　上海圖書館

11927　類博稿十卷　（明）岳正撰　明嘉
靖徐執策刻本　莆田市圖書館

11928　白沙先生詩近藁十卷　（明）陳獻
章撰　明弘治九年（1496）吳廷舉
刻本　湖南圖書館

11929　楊文懿公文集三十卷　（明）楊守

陳撰　明弘治十二年（1499）楊茂仁刻本　黃丕烈跋　南京圖書館

11930　黎文僖公集十七卷　（明）黎淳撰　明嘉靖三十五年（1556）陳甘雨刻本　北京大學圖書館

11931　篁墩程先生文集九十三卷拾遺一卷　（明）程敏政撰　明正德二年（1507）何歆刻本　丁丙跋　南京圖書館

11932　醫閭先生集九卷　（明）賀欽撰　明嘉靖九年（1530）成文刻本　北京大學圖書館

11933　定山先生集十卷　（明）莊昶撰　明嘉靖十四年（1535）劉繼刻蕭惟馨等增修本　首都師範大學圖書館

11934　震澤先生集三十六卷　（明）王鏊撰　明嘉靖刻本　南京圖書館

11935　震澤先生集三十六卷　（明）王鏊撰　明嘉靖刻本　周星詒題記　復旦大學圖書館

11936　雪洲集十二卷續集二卷　（明）黃瓚撰　明嘉靖九年（1530）黃長壽刻本　北京大學圖書館

11937　北潭傅文毅公集八卷　（明）傅珪撰　明嘉靖四十五年（1566）刻本　北京大學圖書館

11938　翰林羅圭峯先生文集十八卷續集十五卷　（明）羅玘撰　明嘉靖五年

（1526）陳洪謨、余載仕刻本　首都師範大學圖書館

11939　翰林羅圭峯先生文集十八卷　（明）羅玘撰　明嘉靖五年（1526）陳洪謨、余載仕刻本　無錫市圖書館

11940　偲菴詩集十卷文集十卷　（明）楊旦撰　明嘉靖三十九年（1560）楊襄刻本　浙江圖書館

11941　空同集六十三卷　（明）李夢陽撰　明嘉靖十一年（1532）曹嘉刻三十一年（1552）朱睦㮮增修本　天津師範大學圖書館

11942　空同集六十三卷　（明）李夢陽撰　明嘉靖十一年（1532）曹嘉刻三十一年（1552）朱睦㮮增修本　曲阜師範大學圖書館

11943　空同先生集六十三卷　（明）李夢陽撰　明嘉靖刻本　東北師範大學圖書館

11944　祝氏集畧三十卷　（明）祝允明撰　明嘉靖三十七年（1558）張景賢刻本　南京圖書館

11945　熊士選集一卷　（明）熊卓撰　明嘉靖二十二年（1543）范欽刻本　寧波市天一閣博物館

11946　憑几集五卷續集二卷　（明）顧璘撰　明嘉靖刻本　首都圖書館

11947　山中集四卷　（明）顧璘撰　明嘉

靖刻本　雲南大學圖書館

11948　息園存藁十四卷　（明）顧璘撰
明嘉靖十七年（1538）刻本　吉林
省圖書館

11949　息園存稿詩集十四卷　（明）顧璘
撰　清乾隆内府寫南三閣四庫全書
本　吉林省圖書館
存二卷（二至三）

11950　東橋集詩二十三卷文十九卷詞一卷
（明）顧璘撰　明抄本　浙江圖書
館

11951　邊華泉集八卷　（明）邊貢撰
（明）劉天民輯　明嘉靖十七年
（1538）司馬魯瞻刻本　湖北省圖
書館

11952　邊華泉集八卷　（明）邊貢撰
（明）劉天民輯　明嘉靖十七年
（1538）司馬魯瞻刻本　南京圖書
館

11953　陽明先生文録五卷外集九卷別録十
卷　（明）王守仁撰　明嘉靖十四
年（1535）聞人詮刻本　江西省圖
書館

11954　陽明先生文録五卷外集九卷別録
十卷　（明）王守仁撰　明嘉靖三
十六年（1557）胡宗憲刻本　河南
省社會科學院文獻信息中心

11955　陽明先生文録續編八卷　（明）王

守仁撰　明嘉靖四十五年（1566）
徐必進刻本　首都師範大學圖書館

11956　新刊精選陽明先生文粹六卷　（明）
王守仁撰　（明）查鐸輯　明嘉靖
四十五年（1566）唐龍泉刻本　寧
波市天一閣博物館

11957　張伎陵集七卷　（明）張鳳翔撰
明刻本　山東大學圖書館

11958　洹詞十二卷　（明）崔銑撰　明趙
府味經堂刻本　江西省圖書館

11959　鈐山堂集四十卷　（明）嚴嵩撰
附録一卷　明嘉靖刻本　南京圖書
館

11960　鈐山堂集四十卷　（明）嚴嵩撰
附録一卷　明嘉靖刻本　寧波市天
一閣博物館

11961　鈐山詩選七卷　（明）嚴嵩撰
（明）楊慎輯并批點　明嘉靖刻本
王士禎批并跋　王式通　郭曾炘
黃濬　陳衍　樊增祥　楊天驥　朱
文鈞　吳昌綬跋　首都圖書館

11962　甘泉先生兩都風詠四卷　（明）湛
若水撰　明嘉靖十四年（1535）朱
敬之刻本　北京大學圖書館

11963　甘泉湛子古詩選五卷　（明）湛若
水撰　（明）謝錫命等輯　明嘉靖
三十一年（1552）自刻本　浙江圖
書館

11964 儼山集一百卷 （明）陸深撰 清
　　乾隆内府寫南三閣四庫全書本 吉
　　林省圖書館
　　存九卷（三十三至三十七、四十八
　　至五十一）

11965 徐迪功集六卷談藝録一卷 （明）
　　徐禎卿撰 明嘉靖二十九年（1550）
　　姑蘇袁氏刻本 浙江圖書館

11966 玉巖先生文集九卷 （明）周廣撰
　　附録一卷 明嘉靖三十七年（1558）
　　杏華書屋刻本 陝西省圖書館

11967 苑洛集二十二卷 （明）韓邦奇撰
　　明嘉靖三十九年（1560）刻本 吉
　　林省社會科學院圖書館

11968 端溪先生集八卷 （明）王崇慶撰
　　明嘉靖三十一年（1552）張蘊刻本
　　寧波市天一閣博物館

11969 鳥鼠山人小集十六卷 （明）胡纘
　　宗撰 明嘉靖刻本 蘭州大學圖書
　　館

11970 鳥鼠山人小集十六卷 （明）胡纘
　　宗撰 明嘉靖刻本 山東大學圖書
　　館

11971 擬漢樂府八卷補遺一卷 （明）
　　胡纘宗撰 （明）谷繼宗輯解
　　（明）鄒頤賢評校 附録二卷 明
　　嘉靖十八年（1539）楊祜、李人龍
　　等刻本 江西省圖書館

11972 夏東巖先生文集六卷 （明）夏尚
　　樸撰 明嘉靖四十五年（1566）斯
　　正刻本［四庫底本］ 北京大學圖
　　書館

11973 梓溪文集五卷 （明）舒芬撰 明
　　嘉靖三十年（1551）張希舉刻本
　　浙江圖書館

11974 馬文簡公集八卷 （明）馬汝驥撰
　　附録一卷 明嘉靖四十一年
　　（1562）馬逢乾刻本 北京大學圖
　　書館

11975 林屋集二十卷 （明）蔡羽撰 明
　　嘉靖八年（1529）刻本 北京大學
　　圖書館

11976 士齋詩集三卷 （明）鄒賽貞撰
　　明嘉靖三年（1524）傅希準刻本
　　北京大學圖書館

11977 王遵巖家居集七卷 （明）王慎中
　　撰 明嘉靖三十一年（1552）句吳
　　書院刻本 楊泰亨跋 寧波市天一
　　閣博物館

11978 屠漸山蘭暉堂集十二卷 （明）屠
　　應埈撰 明嘉靖三十一年（1552）
　　屠仲律刻本 天津圖書館

11979 少泉詩集十卷 （明）王格撰 明
　　嘉靖刻本 浙江圖書館

11980 念菴羅先生集十二卷 （明）羅洪
　　先撰 明嘉靖四十二年（1563）劉

玠刻本　保定市圖書館

11981　自知堂集七卷　（明）蔡汝楠撰
　　　明嘉靖四十三年（1564）朱炳如刻
　　　本　北京大學圖書館

11982　孫文恪公集二十卷　（明）孫陞撰
　　　明嘉靖袁洪愈、徐栻刻本　浙江圖
　　　書館

11983　兩溪先生遺集七卷詩餘一卷　（明）
　　　駱文盛撰　明嘉靖三十九年（1560）
　　　王健刻本　北京大學圖書館

11984　高光州詩選二卷　（明）高應冕撰
　　　（明）茅坤輯　明嘉靖刻本　浙江
　　　圖書館

11985　吳皋先生文集四卷　（明）喻時撰
　　　明嘉靖三十六年（1557）陳大賓刻
　　　本　北京大學圖書館

11986　白華樓藏稿十一卷　（明）茅坤撰
　　　明刻本　謝國楨跋　湖南圖書館

11987　海浮山堂詩稿五卷文稿五卷
　　　（明）馮惟敏撰　明嘉靖四十五年
　　　（1566）刻本　北京大學圖書館

11988　程士集四卷獻忱集五卷　（明）高
　　　拱撰　明嘉靖吉水廖如春刻本　首
　　　都圖書館

11989　客建集四卷　（明）劉鳳撰　明嘉
　　　靖刻補修本　浙江圖書館

11990　南紀集二卷　（明）徐學謨撰　明
　　　嘉靖四十一年（1562）刻本　南京

圖書館

11991　萬松吟卷一卷　（明）木公撰　明
　　　嘉靖雲南麗江刻本　雲南省圖書館

11992　隱園春興一卷　（明）木公撰　明
　　　嘉靖雲南麗江刻本　雲南省圖書館

11993　卯洞集四卷　（明）徐珊撰　明嘉
　　　靖二十四年（1545）刻本　浙江圖
　　　書館

11994　中川遺藁三十三卷　（明）王教撰
　　　明嘉靖三十九年（1560）清白堂刻
　　　本　北京大學圖書館

11995　掃餘之餘三卷　（明）劉錫玄撰
　　　明刻本［四庫底本］　浙江圖書館

11996　祁忠敏稿五卷　（明）祁彪佳撰
　　　稿本　祁允題簽并跋　浙江圖書館

11997　吳忠節公遺集四卷　（明）吳麟徵
　　　撰　南明弘光刻本　浙江圖書館

11998　綠曉齋集一卷　（明）卜舜年撰
　　　稿本　王昶跋　詩來一卷附録一卷
　　　（明）卜舜年輯　明末抄本　遼寧
　　　省圖書館

11999　明徐勿齋自書贈倪鴻寶詩一卷
　　　（明）徐汧撰　手稿本　王宗炎
　　　余紹宋跋　金梁引首　浙江圖書館

12000　千山詩集二十卷首一卷補遺一卷
　　　（明）釋函可撰　清抄本　南京圖
　　　書館

12001　華啓直詩文集不分卷　（明）華啓

直撰　稿本　華上衢批　黃彭年
楊壽枏跋　無錫市圖書館

12002　關中集一卷　（明）李延康撰　明
嘉靖三十七年（1558）李乾齋刻本
南京圖書館

12003　酣半吟一卷　（清）丁雄飛撰　明
末刻本　無錫市圖書館

12004　南雷文定十一卷後集四卷　（清）
黃宗羲撰　附錄一卷　清康熙二十
七年（1688）靳治荆刻本　王芑孫
批并跋　南京圖書館

12005　尺牘一卷湖上草一卷　（清）柳是
撰　明汪然明刻本　趙宗建題籤并
題記　徐枌　惠兆壬跋　林雲鳳
王國維題詩　王仁偶題詩并跋　浙
江圖書館

12006　漁洋山人精華録訓纂十卷　（清）
王士禎撰　（清）惠棟注　年譜註
補二卷金氏精華録箋註辯訛一卷
（清）惠棟撰　清惠氏紅豆齋刻本
吳騫批校　上海圖書館

12007　流鉛集十六卷　（清）吳農祥撰
清盧氏抱經堂抄本　盧文弨校并跋
上海圖書館
　　　　存十卷（一至三、六至十、十三至
十四）

12008　梧園詩文集不分卷　（清）吳農祥
撰　稿本　丁丙　吳慶坻跋　浙江

圖書館

12009　壬申紀游一卷　（清）查慎行撰
手稿本　浙江圖書館

12010　岡極録前編四卷後編四卷附觀化雜
詠一卷　（清）許楹撰　清乾隆吳
氏拜經樓抄本　吳騫校并跋　唐翰
題　吳重熹　章鈺跋　上海圖書館

12011　幸魯寶翰九卷　（清）高宗弘曆撰
清乾隆内府寫本　山東大學圖書館

12012　全韻梅花诗一卷　（清）杭世駿撰
稿本　浙江圖書館

12013　鮚埼亭集三十七卷　（清）全祖望
撰　清吳氏拜經樓抄本　吳騫批校
并録杭世駿批注　陳鱣校　唐翰題
章鈺跋　吳重熹校并題識　上海圖
書館

12014　癸卯入闈記一卷附書畫詩夢石研屏
歌　（清）翁方綱撰　手稿本　李
平書題籤　佚名題籤并跋　浙江圖
書館

12015　春鳧詩稿不分卷春鳧殘稿一卷
（清）符曾撰　稿本　黃雨齋批
廣西壯族自治區桂林圖書館

12016　臺山文集不分卷　（清）羅有高撰
清抄本　徐時棟校并跋　南京大學
圖書館

12017　龍莊先生詩稿不分卷　（清）汪輝
祖撰　稿本　王暉昌跋　浙江圖書

館

12018 鶴谿文稿不分卷 （清）王鳴韶撰
稿本 錢大昕 朱春生 汪照 葉
德輝 葉啟勳跋 王昶批校 湖南
圖書館

12019 茗柯文初編一卷二編二卷三編一卷
四編一卷 （清）張惠言撰 清嘉
慶十四年（1809）刻本 勞權校
上海圖書館

12020 新坡土風一卷 （清）陳鱣撰 稿
本 寧波市天一閣博物館

12021 仙屏書屋初集詩録十六卷後録二卷
（清）黃爵滋撰 清道光二十七年
（1847）翟金生泥活字印本 江西
省黎川縣圖書館

12022 定盦文集□□卷 （清）龔自珍撰
（清）魏源 龔橙輯 稿本 定盦
集外未刻詩一卷詞一卷 鄧實輯
定盦詩集定本一卷 （清）龔橙輯
民國龔氏瞻麓齋抄本 龔心釗跋
上海圖書館
存八卷（文集九至十三，集外未刻
詩、詞、詩集定本全）

12023 詩問藁一卷 （清）姚燮撰 稿本
傅濂題簽并批校 葉廷枚跋 浙江
圖書館

12024 二張集四卷 （唐）張九齡 張説
撰 （明）高叔嗣編 明刻本 廣

東省立中山圖書館
存二卷（曲江集全）

12025 漢魏六朝百三家集一百十八卷
（明）張溥編 （清）楊夢符校
清乾隆內府寫南三閣四庫全書本
吉林省圖書館
存二卷（四十一至四十二）

12026 唐人八家詩四十二卷 （明）毛晉
編 明崇禎十二年（1639）毛氏汲
古閣刻本 錢陸燦批 上海圖書館

12027 十二家唐詩二十四卷 （明）張遜
業編 明嘉靖三十一年（1552）黃
埻刻本 傅增湘批注 山西博物院

12028 唐人集□□種□□卷 明銅活字印
本 寧波市天一閣博物館
存三十三種一百十七卷（唐太宗皇
帝集二卷、唐玄宗皇帝集二卷、
許敬宗集一卷、虞世南集一卷、盧
照鄰集二卷、駱賓王集二卷、楊炯
集二卷、杜審言集二卷、陳子昂
集二卷、沈佺期集四卷、王摩詰
集六卷、李頎集三卷、儲光羲集五
卷、劉隨州集十卷、崔顥集二卷、
崔曙集一卷、祖詠集一卷、常建集
二卷、孟浩然集三卷、韋蘇州集十
卷、岑嘉州集八卷、高常侍集八
卷、錢考功集十卷、嚴維集二卷、
顧況集二卷、耿湋集三卷、盧綸集

六卷、李益集二卷、李端集四卷、
司空曙集二卷、武元衡集三卷、權
德輿集二卷、羊士諤集二卷）

12029　李杜全集八十四卷　　（明）鮑松編
明正德八年（1513）自刻本　徐渭
批　南京圖書館
存三十四卷（李翰林集一至十三；
杜工部集一至八、二十一至三十，
文集二卷，年譜一卷）

12030　巾箱集四卷　　（清）吳騫輯　稿本
南京圖書館

12031　古文苑二十一卷　　（宋）章樵注
明成化十八年（1482）張世用刻本
中央民族大學圖書館

12032　古文苑二十一卷　　（宋）章樵注
明刻本　顧之逵校　孫毓修題識
上海圖書館

12033　古文苑二十一卷　　（宋）章樵注
明萬曆張象賢刻本　戈宙襄校　戈
載校并跋　上海圖書館

12034　樂府詩集一百卷目録二卷　　（宋）
郭茂倩輯　明末毛氏汲古閣刻本
勞權校并跋　上海圖書館

12035　古樂府十卷　　（元）左克明編次
明嘉靖二十三年（1544）蕭一中刻
本　丁福保跋　安徽省圖書館

12036　御選唐宋詩醇四十七卷　　（清）高
宗弘曆輯　清咸豐謝氏活字四色套

印本　曾國藩題識　湖南圖書館

12037　秦漢文八卷　　（明）胡纘宗輯　明
嘉靖三十四年（1555）金陵雙橋全
氏刻本　北京大學圖書館

12038　文體明辯六十一卷首一卷目録六卷
附録十四卷附録目録二卷　　（明）
徐師曾輯　明萬曆游榕銅活字印本
湖南圖書館
存十一卷（附録三至十一、附録目
録全）

12039　釋文紀四十五卷　　（明）梅鼎祚編
清乾隆內府寫南三閣四庫全書本
吉林省圖書館
存二卷（六、九）

12040　古文輯略不分卷　　（清）曹本榮輯
清抄本　江西省圖書館

12041　唐文約選不分卷宋文約選不分卷元
文約選不分卷　清雍正果親王府抄
本　深圳圖書館

12042　會心集不分卷　　（清）管應祥輯
稿本　管庭芬跋　浙江圖書館

12043　筆媚牋十二卷　　（明）楊慎輯
（明）孫鑛評　明崇禎刻本　蘇州
圖書館

12044　春秋詞命三卷　　（明）王鏊輯　明
正德刻本　天津圖書館

12045　重校正唐文粹一百卷　　（宋）姚鉉
輯　明嘉靖三年（1524）徐焞刻本

王芑孫跋　江沅校并跋　上海圖書
館

12046　松陵集十卷　（唐）皮日休　陸龜
蒙撰　明弘治十五年（1502）劉濟
民刻本　蔡鴻鑒題簽并題記　浙江
圖書館

12047　註唐詩鼓吹十卷　（金）元好問輯
（元）郝天挺注　明刻本　天津圖
書館

12048　批點唐音十五卷　（元）楊士弘輯
（明）顧璘批點　明嘉靖四十
年（1561）顧履祥刻四十四年
（1565）李蓘重修本　首都師範大
學圖書館

12049　唐詩品彙九十卷拾遺十卷首一卷
（明）高棅輯　明嘉靖十六年
（1537）姚芹泉刻本　首都師範大
學圖書館

12050　唐雅八卷　（明）胡纘宗輯　明嘉
靖二十八年（1549）文斗山堂刻本
蘭州大學圖書館

12051　九僧詩一卷　（宋）釋希晝等撰
清初毛氏汲古閣影宋抄本　毛扆
袁克文跋　北京大學圖書館

12052　新雕宋朝文鑑一百五十卷目録三卷
（宋）呂祖謙輯　明天順八年
（1464）嚴州府刻弘治十七年
（1504）胡韶重修本　烟臺圖書館

12053　皇明風雅四十卷　（明）徐泰輯
明嘉靖十二年（1533）張沂刻本
天津圖書館

12054　皇明近體詩抄二十三卷　（明）謝
東山輯　明嘉靖四十五年（1566）
刻本　北京大學圖書館

12055　明詩綜一百卷　（清）朱彝尊輯
清康熙刻本　吳騫跋　杭州圖書館

12056　姑蘇雜詠合刻四卷　（明）周希夒
輯　明萬曆四十六年（1618）刻本
黃丕烈校　潘承弼跋　上海圖書館

12057　半山亭詩集不分卷　（明）丁鏆輯
明弘治元年（1488）刻本　浙江圖
書館

12058　續甬上耆舊詩不分卷　（清）全祖
望輯　稿本　馮貞群跋　浙江圖書
館

12059　續甬上耆舊詩不分卷　（清）全祖
望輯　清全氏雙韭山房抄本　馮貞
群跋　浙江圖書館

12060　江干雜詠不分卷　（清）丁丙輯
稿本　吳士鎬題記　浙江圖書館

12061　滇文不分卷　（明）謝肇淛輯　明
謝氏小草齋抄本　郭柏蒼題識　福
建省圖書館

12062　姚氏世刻十五卷　（明）姚楷輯
明嘉靖三十五至三十六年（1556—
1557）姚楷刻本　北京大學圖書館

12063 全唐詩話三卷　題（宋）尤袤撰　明正德二年（1507）秦昂刻本　遼寧大學圖書館

12064 全唐詩話三卷　題（宋）尤袤撰　明正德十二年（1517）鮑繼文教養堂刻本　雲南省圖書館

12065 晦菴先生詩話一卷　（宋）朱熹撰　（明）沈爗輯　明抄本　寧波市天一閣博物館

12066 文則一卷　（宋）陳騤撰　明末毛氏汲古閣影元抄本　葉啟發　葉啟勳跋　湖南圖書館

12067 南溪筆錄羣賢詩話前集一卷後集一卷續集一卷　明正德五年（1510）程啓充刻本　首都圖書館

12068 妙集吟堂詩話三卷　（明）瞿佑撰　明初刻本　南京圖書館

12069 圍爐詩話六卷　（清）吳喬撰　清初抄本　宋賓王校并跋　上海圖書館

12070 石洲詩話五卷　（清）翁方綱撰　稿本　翁方綱　葉繼雯跋　南京圖書館

12071 全宋詩話十二卷　（清）孫濤輯　清抄本　馮登府校并跋　清華大學圖書館

12072 金石三例十五卷　（清）盧見曾編　清乾隆二十年（1755）盧見曾刻本

王芑孫批校并跋　上海圖書館

12073 校補金石例四種十七卷　（清）李瑤編　清道光十二年（1832）李瑤泥活字印本　河南省圖書館

12074 酒邊詞二卷　（宋）向子諲撰　平齋詞一卷　（宋）洪咨夔撰　清乾隆內府寫南三閣四庫全書本　吉林大學圖書館

12075 玉笥山人詞集一卷　（宋）王沂孫撰　明文淑抄本　葉德輝　葉啟勳　龍毓瑩跋　湖南圖書館

12076 疎影樓詞二卷　（清）姚燮撰　稿本　姚儒俠跋　寧波市天一閣博物館

12077 樵風樂府不分卷　鄭文焯撰　稿本　南京圖書館

12078 金荃集一卷　（唐）溫庭筠撰　清勞權抄本　勞權校　曹元忠跋　上海圖書館

12079 花間集十卷　（後蜀）趙崇祚輯　明正德十六年（1521）陸元大刻本（卷九至十抄配）　秦更年題識并跋　南開大學圖書館

12080 尊前集二卷　明刻本　王國維跋　國家圖書館

12081 御選歷代詩餘一百二十卷　（清）沈辰垣　王奕清等編纂　清乾隆內府寫南三閣四庫全書本　吉林省圖

書館

存一卷（八）

12082　陽春白雪八卷外集一卷　（宋）趙
聞禮輯　清鮑氏知不足齋抄本　鮑
廷博校　戈載校并跋　上海圖書館

12083　絕妙好詞七卷　（宋）周密輯　清
初毛氏汲古閣抄本　朱祖謀跋　國
家圖書館

12084　元曲選十集一百卷　（明）臧懋循
編　論曲一卷　（明）陶宗儀等撰
明萬曆刻博古堂印本　首都圖書館

12085　復莊今樂府選□□種□□卷總目一
卷　（清）姚燮編　稿本　姚燮
張宗祥批校并跋　姚燮校并跋　浙
江圖書館

存二百五十五種四百七卷（迎鑾新
曲一卷，康衢新樂府一卷，浙江迎
鑾詞二卷，太平樂事一卷，萬壽圖
一卷，西廂四卷，漢宮秋一卷，陳
搏高臥一卷，黃粱夢一卷，岳陽樓
一卷，青衫淚一卷，任風子一卷，
薦福碑一卷，竇娥冤一卷，中秋切
鱠一卷，魯齋郎一卷，玉鏡臺一
卷，蝴蝶夢一卷，救風塵一卷，謝
天香一卷，金綫池一卷，墻頭馬上
一卷，梧桐雨一卷，兩世姻緣一
卷，金錢記一卷，揚州夢一卷，風
花雪月一卷，東坡夢一卷，玉壺春

一卷，老生兒一卷，生金閣一卷，
麗春堂一卷，倩女離魂一卷，王粲
登樓一卷，㑳梅香一卷，對玉梳一
卷，金童玉女一卷，蕭淑蘭一卷，
北邙說法一卷，團花鳳一卷，眼兒
媚一卷，桃花人面一卷，死裏逃生
一卷，花前一笑一卷，脫囊穎一
卷，有情癡一卷，魚兒佛一卷，不
伏老一卷，僧尼共犯一卷，漁陽弄
一卷，翠鄉夢一卷，雌木蘭一卷，
曲江春一卷，簪花髻一卷，鴛鴦夢
一卷，通天臺一卷，臨春閣一卷，
清平調一卷，弔琵琶一卷，讀離騷
一卷，桃花源一卷，黑白衛一卷，
鬱輪袍一卷，夢揚州一卷，飲中仙
一卷，藍橋驛一卷，擬連廂詞一
卷，買花錢一卷，大轉輪一卷，拈
花笑一卷，浮西施一卷，夢花因一
卷，一片石一卷，第二碑一卷，四
絃秋一卷，昆明池一卷，集翠裘一
卷，鑑湖隱一卷，旗亭館一卷，蘆
花絮一卷，北孝烈一卷，圓香夢一
卷，江梅夢一卷，花間九奏一卷，
青溪笑二卷，牡蠣園一卷，吟風閣
四卷，修簫譜一卷，列子御風一
卷，艷禪一卷，四時春一卷，凌波
影一卷，盂蘭夢一卷，飲酒讀騷一
卷，園林午夢一卷，西廂記四卷，

曇花記五至六，水滸記一卷，四喜記二卷，節孝記一卷，玉簪記二卷，雙烈記二卷，鳴鳳記四卷，分金記一卷，八義記一卷，夢磊記二卷，雙圓舫一卷，春蕪記一卷，玉鏡臺二卷，焚香記二卷，龍膏記三卷，紅梨記三卷，貞文祠三卷，撮盒圓二卷，想當然一卷，醉鄉記一卷，燕子箋三卷，白兔記上，綵樓記一卷，運甓記二卷，錦箋記二卷，投梭記一卷，玉盒記上，四賢記四，節俠記二卷，秣陵春五卷，鈞天樂二卷，桃花扇二卷，花筵賺四卷，鴛鴦棒三卷，夢花酣一卷，西樓記二卷，珍珠衫一卷，蕭霜裘二卷，醉月緣一卷，永團圓二卷，一捧雪二卷，牡丹圖二卷，漁家樂二卷，艷雲亭一卷，雙冠誥下，櫻桃夢三卷，靈寶刀一卷，縮春園一卷，息宰河三卷，人天樂一卷，忠孝福二卷，紅情言三卷，詞苑春秋一卷，醉菩提一卷，長生殿六卷，玉門關一卷，布袋錦一卷，新灌園二卷，長命縷二卷，廣寒香四卷，陰陽判二卷，雙奇會二卷，紅梅記一卷，香鞋記一卷，酒家傭二卷，游子鑑二卷，精忠旗一卷，青雀舫一卷，禱河冰一卷，雙鴛祠一卷，

桂花塔一卷，珊瑚玦二卷，元寶媒三卷，雙忠廟中、下，芙蓉峽一卷，揚州夢二卷，玉尺樓一至二，無瑕璧一卷，瑞筠圖一卷，廣寒梯二卷，杏花村一卷，南陽樂三卷，奈何天一至三，玉搔頭中、下，風箏誤上，香祖樓四卷，臨川夢下，冬青樹二卷，雪中人一卷，桂林雙二卷，夢中緣三卷，懷沙記三卷，玉獅墜二卷，梅花簪三卷，雙報應上，報恩緣中、下，伏虎韜四卷，地行仙三至五，寒香亭五卷，東海記一卷，八寶箱一卷，馬上緣二卷，琵琶俠四卷，魚水緣三卷，後一捧雪一卷，芝龕記六卷，載花舲四卷，栖雲石三卷，雙仙記三卷，石榴記四卷，鶴歸來一卷，芙蓉樓四卷，玉節記四卷，千金壽一卷，繡帕二卷，十二金錢二卷，血梅記一卷，黃河遠一卷，蘭桂仙一卷，仲氏紅樓四卷，紅樓散套二卷，梅花樓一卷，綠華軒一卷，宵光劍一卷，天宮寶一卷，鳳雛圓五卷，南樓夢一卷，情郵一卷，桐葉一卷，鴛鴦塚一卷，七子圓二卷，慈悲願一卷，翡翠園一卷，蝴蝶夢一卷，盤陀山一卷，昇平寶筏一卷，丹鳳忠二卷，定心猿一卷，花神報一

卷，千忠戮二卷，情中義一卷，六如曲一卷，擊節餘音一卷，山堂雜曲一卷，歸田小令二卷，山堂附録一卷，江東白苧二卷，續江東白苧二卷，樂府詞餘一卷，西堂樂府一卷，葉兒樂府一卷，北樂府小令一卷，道情十首一卷，黍香集一卷，漁鼓曲一卷，棣萼香詞二卷，有正味齋曲二卷，夾竹桃一卷，挂枝兒二卷；總目一卷）

12086 復莊今樂府選□□種□□卷總目一卷 （清）姚燮編 稿本（總目一卷爲清光緒三十年馮辰元抄配）姚燮批校并跋 姚燮校并跋 無我相居士 □文山農跋 寧波市天一閣博物館

存一百四十一種二百二十七卷（忍字記一卷、後庭花一卷、楚昭公一卷、看錢奴一卷、范張雞黍一卷、留鞋記一卷、度柳翠一卷、張生煮海一卷、羅李郎一卷、薛仁貴一卷、合汗衫一卷、秋胡戲妻一卷、曲江池一卷、魔合羅一卷、酷寒亭一卷、瀟湘雨一卷、東堂老一卷、趙禮讓肥一卷、柳毅傳書一卷、氣英布一卷、單鞭奪槊一卷、竹葉舟一卷、風光好一卷、趙氏孤兒一卷、黑旋風一卷、鐵拐李一卷、兒女團圓一卷、灰闌記一卷、救孝子一卷、燕青捕魚一卷、勘頭巾一卷、紅梨花一卷、李逵負荆一卷、竹塢聽琴一卷、伍員吹簫一卷、虎頭牌一卷、陳州糶米一卷、合同文字一卷、來生債一卷、小尉遲一卷、凍蘇秦一卷、馬陵道一卷、殺狗勸夫一卷、爭報恩一卷、鴛鴦被一卷、吳天塔一卷、隔江鬥智一卷、賺蒯通一卷、百花亭一卷、誶范叔一卷、磚砂擔一卷、桃花女一卷、碧桃花一卷、抱妝盒一卷、梧桐葉一卷、冤家債主一卷、謝金吾一卷、神奴兒一卷、貨郎旦一卷、馮玉蘭一卷、舉案齊眉一卷、連環計一卷、盆兒鬼一卷、誤入桃源一卷、劉行首一卷、還牢末一卷、城南柳一卷、牡丹仙一卷、西游記四卷、琵琶記五卷、荆釵記三卷、幽閨記三卷、精忠記一卷、三元記一卷、千金記一卷、香囊記二卷、邯鄲記四卷、南柯記四卷、牡丹亭一卷、紫釵記五卷、紫簫記三卷、鸞鎞記一卷、金鎖記二卷、蕉帕記三卷、明珠記三卷、懷香記一卷、紅拂記一卷、祝髮記一卷、青衫記二卷、浣紗記二卷、種玉記二卷、獅吼記二卷、義俠記一卷、望湖亭一

卷、翠屏山二卷、雙珠記二卷、鮫
綃記二卷、綵毫記二卷、曇花記一
至四、金蓮記四卷、黨人碑一卷、
十五貫二卷、聚寶盆一卷、雙冠誥
上、玉尺樓三至五、旗亭記一卷、
一斛珠三卷、拜針樓二卷、珍珠塔
一卷、錦香亭一卷、百花舫一卷、
晋春秋四卷、量江記三卷、議大禮
一卷、灑雪堂二卷、風流棒二卷、
念八翻三卷、空青石二卷、緑牡丹
二卷、畫中人二卷、西園二卷、乞
食圖二卷、六如亭五卷、花蕚吟一
卷、陳氏紅樓五卷、海烈婦二卷、
後七子四卷、合浦珠一卷、續牡丹
亭一卷、雷峰塔一卷、富貴神仙一
卷、影梅庵三卷、香畹樓四卷、鴛
鴦鏡二卷、茂陵絃三卷、帝女花二
卷、桃谿雪二卷、爛柯山一卷、名
山志一卷、諧騰一卷、春雪新聲一
卷，總目一卷）

12087　復莊今樂府選□□種□□卷　　（清）
姚燮編　稿本　姚燮校并跋　國家
圖書館
存四種五卷（紅玉簪一卷、醉西湖
一卷、小山小令二卷、喬氏小令一
卷）

12088　復莊今樂府選□□種□□卷　　（清）
姚燮編　謄清稿本　蘇州博物館

存十九種十九卷（伍員吹簫一卷、
虎頭牌一卷、陳州糶米一卷、合同
文字一卷、來生債一卷、小尉遲一
卷、凍蘇秦一卷、馬陵道一卷、殺
狗勸夫一卷、爭報恩一卷、鴛鴦被
一卷、吳天塔一卷、隔江鬥智一
卷、賺蒯通一卷、百花亭一卷、勘
頭巾一卷、紅梨花一卷、李逵負荆
一卷、竹塢聽琴一卷）

12089　新編洛陽風月牡丹仙一卷新編十美
人慶賞牡丹園一卷新編天香圃
牡丹品一卷　　（明）朱有燉撰
明宣德刻本　　西北師範大學圖
書館

12090　紅拂記四卷　　（明）張鳳翼撰
（明）湯顯祖評　明凌玄洲刻朱墨
套印本　湖南圖書館

12091　吳騷二集四卷　　（明）張琦　王輝
輯　明萬曆刻本　蘇州圖書館

12092　詞林摘艷十卷　　（明）張禄輯　明
嘉靖三十年（1551）徽藩刻本（甲
集、丙集、庚集、辛集抄配）　曹
元忠　吳梅跋　國家圖書館

12093　雍熙樂府二十卷　　（明）郭勛輯
明嘉靖十年（1531）刻本（卷二、
十、十二配清抄本）　江標跋　南
京圖書館

12094　南詞韻選十九卷　　（明）沈璟輯

明萬曆刻本　東北師範大學圖書館
存十七卷（一至十七）

12095　新鐫歌林拾翠六卷　題檠花主人輯
西湖漫史點評　明崇禎刻本　浙江
圖書館

12096　昆弋腔選曲不分卷　清四色抄本
河北大學圖書館

12097　魏忠賢軼事四卷四十八回　（明）
樂舜日撰　明崇禎抄本　吉林省圖
書館

12098　新刻繡像批評金瓶梅二十卷　（明）
蘭陵笑笑生撰　明末刻本　首都圖
書館

12099　紅樓夢一百二十回（程甲本）
（清）曹霑撰　（清）高鶚增訂
清乾隆五十六年（1791）萃文書屋
活字印本　中國書店

12100　紅樓夢一百二十回（程乙本）
（清）曹霑撰　（清）高鶚增訂
清乾隆五十七年（1792）萃文書屋
活字印本　中國書店

12101　紅樓夢一百二十回（程乙本）
（清）曹霑撰　（清）高鶚增訂
清乾隆五十七年（1792）萃文書屋
活字印本　陳其泰批校并跋　杭州
圖書館

12102　泰山刻石　傳（秦）李斯書　秦始
皇二十八年（前219）刻石　明拓

本　趙之謙題簽　翁方綱　趙魏
沈樹鏞跋　張燕昌録錢大昕跋　青
島市博物館

12103　尹宙碑　東漢熹平六年（177）四
月刻石　明拓本　高毓浵跋　北京
市文物局圖書資料中心

12104　修太公祠碑　（北魏）穆子容撰
東魏武定八年（550）四月刻石
碑陽明拓本　碑陰清康熙拓本　周
肇祥題簽并跋　邵章跋　北京市文
物局圖書資料中心

12105　顏氏家廟碑　（唐）顏真卿撰并書
（唐）李陽冰篆額　唐建中元年
（780）刻石　明拓本　陳雲誥
羅繼祖跋　旅順博物館

12106　杭州龍井山方圓庵記　（宋）釋守
一撰　（宋）米芾書　北宋元豐六
年（1083）刻石　明拓本　周肇祥
高毓浵跋　北京市文物局圖書資料
中心

12107　東坡雪堂詞刻行香子詞　（宋）蘇
軾撰并書　北宋紹聖二年（1095）
刻石　明拓本　張伯英觀款　許石
楠　謝國楨　周肇祥　邵章跋　北
京市文物局圖書資料中心

12108　東坡雪堂詞刻中呂滿庭芳詞　（宋）
蘇軾撰并書　北宋紹聖四年
（1097）刻石　明拓本　周肇祥

邵章跋　北京市文物局圖書資料中心

12109　鮮于光祖墓誌　（元）周砥撰（元）趙孟頫書并篆蓋　（元）盛彪撰後記　（元）王明鑄　元大德二年（1298）刻石　明拓本　唐翰題題簽題記并録陳子文跋　沈樹鏞跋并録周士甫題記　沈吾抄補志文并跋　劉鶚題記　北京大學圖書館

12110　狄梁公碑　（宋）范仲淹撰（宋）黄庭堅書　元刻石　明初拓本　集樓題簽　北京大學圖書館

12111　墨池堂帖五卷　（明）章藻摹刻明萬曆三十至三十八年（1602—1610）刻石　明拓本　程明超題簽江蘇省海安縣圖書館　存四卷（一至四）

12112　洛神賦十三行　（三國魏）曹植撰（晋）王獻之書　宋刻石　明拓本曹玉銘跋　徐漢蒼觀款　北京市文物局圖書資料中心

12113　蘭亭圖　傳（宋）李公麟繪　（明）朱有燉摹　明永樂十五年（1417）刻石　明拓本　國家圖書館

12114　智鼎銘文　西周智作器　清拓原器未剔本　張廷濟跋　四川博物院

12115　積古圖　（清）阮元輯　清嘉慶八年（1803）金石集拓本　翁方綱題

端　阮元跋　周瓚繪圖　國家圖書館

12116　新疆總圖　清乾隆繪本　國家圖書館

12117　新疆西北各城輿圖附説明　（清）長庚繪　清同治十年（1871）彩繪本　清華大學圖書館

12118　［山西太原大同潞安三府輿地圖］清雍正初年絹地繪本　國家圖書館

12119　黑圖阿拉城陵圖　清初期彩繪本國家圖書館

12120　黑龍江東部屯墾圖　清乾隆末年繪本　國家圖書館

12121　九邊圖　明末彩繪本　首都圖書館存九軸（一、三至十）

12122　［湘西營盤苗寨民莊輿地圖］　清康熙雍正年間繪本　國家圖書館

12123　［運河圖］　清中期絹地彩繪本國家圖書館

12124　［漕河挽運圖］　清乾隆繪本　國家圖書館

12125　直隸分巡清河道屬河道工程圖册清乾隆末年繪本　國家圖書館

12126　福建沿海圖　清初期絹地繪本　國家圖書館

12127　廣東沿海圖　清乾隆絹地繪本　國家圖書館

12128　［均州附近名勝圖］　清中期絹地

繪本　國家圖書館

12129　封舟出洋順風針路圖　清乾隆絹地繪本　國家圖書館

二、少數民族文字珍貴古籍

（一）藏文

12130　般若波羅蜜多兩萬五千頌　十世紀寫本　西藏大學圖書館

12131　般若波羅蜜多十萬頌　十二世紀寫本　西藏自治區曲水縣聶唐卓瑪拉康

12132　古格王統史　十二世紀寫本　西藏自治區札達縣托林寺

12133　觀所緣論釋　（印度）陳那撰　噶瓦白則譯　十二世紀寫本　西藏自治區普蘭縣科迦寺

12134　量理寶藏詮釋　（□）薩迦・貢嘎堅贊撰　元大都刻本　西藏自治區尼木縣切卡曲德寺

12135　現觀莊嚴論名義釋　（印度）獅子賢撰　元刻本　西藏自治區尼木縣切卡曲德寺

12136　八思巴文集　（元）八思巴・洛追堅贊撰　元寫本　西藏博物館

12137　阿底峽傳　元寫本　西藏自治區普蘭縣科迦寺

12138　般若波羅蜜多八十萬頌　元寫本　西藏自治區尼木縣瑪江卡曲寺

12139　大般若波羅蜜多經　元寫本　西藏自治區札達縣益日寺

12140　苯教瓦塞儀軌　元寫本　西藏圖書館

12141　苯教觀點集　（□）象雄綽潘撰　元寫本西藏圖書館

12142　定量論　（印度）法稱撰　元寫本西藏自治區普蘭縣科迦寺

12143　定量論疏　（印度）法勝撰　元寫本　西藏自治區普蘭縣科迦寺

12144　梵文拼讀論　（□）香敦曲蚌撰　元寫本西藏圖書館

12145　淨惡道壇城儀軌　元寫本　西藏自治區普蘭縣科迦寺

12146　空行母寶帳概論　元寫本　西藏自治區普蘭縣科迦寺

12147　希杰傳承志　元寫本　西藏自治區革吉縣直熱寺

12148　仁青白記薩迦・貢嘎堅贊傳記及聞法録　（□）尊巴・仁青白撰　元寫本　西藏博物館

12149　藏文文法口劍之論　（印度）密底佳那撰　（□）扎巴堅贊注釋　元寫本　西藏圖書館

12150　勝樂金剛密集儀軌　元寫本　西藏自治區普蘭縣科迦寺

12151　文殊修法　元寫本　西藏自治區普

蘭縣科迦寺

12152 喜金剛修法 （□）措吉多吉撰
元寫本 西藏自治區普蘭縣科迦寺

12153 因明學論著 元寫本 西藏自治區
普蘭縣科迦寺

12154 律經根本律 （印度）功德光撰
元寫本 西藏自治區普蘭縣科迦寺

12155 八思巴傳 （□）比丘強熏撰 元
末寫本 西藏博物館

12156 大乘寶藏論 （□）隆欽·崔成洛
追撰 明貢塘刻本 西藏圖書館

12157 瑪尼遺教 明貢塘刻本 西藏自治
區札達縣白東坡倫珠曲德寺

12158 米拉日巴廣傳及道歌 （□）藏年
赫如嘎·茹白堅見撰 明貢塘刻本
西藏自治區曲水縣珠寺

12159 蓮花生傳記 明貢塘刻本 西藏圖
書館

12160 仲敦巴大師秘笈 （□）仲敦巴·
杰瓦瓊乃撰 明貢塘刻本 西藏圖
書館

12161 達布拉杰教誨 明山南加查達布拉
鼎刻本 西藏自治區索縣扎西炯寺

12162 梵文嘎拉巴總義 （□）夏魯·卻
迴桑布撰 明刻本 西藏圖書館

12163 賢者喜宴 （明）巴沃·祖拉陳瓦
撰 明刻本 中國民族圖書館

12164 薩迦世系 （明）阿旺·貢嘎索南

撰 明刻本 西北民族大學圖書館

12165 仲敦巴本生傳·弟子問道語録
（□）鄂·勒巴協若輯 明刻本
中國民族圖書館

12166 噶舉派教法史 （明）桑杰阿波貝
桑撰 明刻本 中國民族圖書館

12167 巴協 （□）巴·賽囊撰 明抄本
西藏博物館

12168 苯教甘珠爾 明抄本 西藏自治區
巴青縣布拉寺
存七十五函

12169 黑金剛寶帳怙主訣竅法録 （元）
八思巴·洛追堅贊撰 明抄本 西
藏自治區曲水縣珠寺

12170 響·卓衛貢布傳 （□）涅阿·熱
納西日巴扎撰 明抄本 西藏博物
館

12171 洛扎執金剛傳記 明抄本 西藏自
治區措美縣古堆鄉拉沃寺

12172 薩迦扎巴堅贊傳 （□）強秋協繞
撰 明抄本 西藏博物館

12173 央莐巴道歌集 （□）堅阿·雲旦
仁青丹編 明抄本 西藏博物館

12174 音勢論廣疏 （□）衛巴·羅色強
秋益西撰 明抄本 西藏博物館

12175 三十頌疏 （□）衛巴·羅色強秋
益西撰明抄本 西藏博物館

12176 聲明積分論述 （元）薩桑·洛智

堅贊撰　明抄本　西藏圖書館

12177　聲明學積分論注釋明鑒　（元）薩桑·洛智堅贊撰　明抄本　西藏圖書館

12178　時輪續部無垢光釋注疏　（元）布頓·仁欽珠撰　明抄本　西藏自治區日喀則市夏魯寺

12179　扎西炯寺志　明抄本　西藏自治區索縣扎西炯寺

12180　夏魯日普寺法臺造像志　明抄本　西藏圖書館

12181　勝樂金剛訣竅耳傳如意寶　（印度）納若大師撰　（□）瑪爾巴卻吉洛追譯　明抄本　西藏自治區曲水縣珠寺

12182　藏傳佛教三大堪布傳承體系史　明抄本　西藏博物館

12183　經典源流及釋迦世系　（□）噶瓦白則撰　明抄本　西藏圖書館

12184　毘吉黃色卷　（□）贊巴西拉哈編　明抄本　西藏自治區藏醫院

12185　白若譯師傳　（□）準班扎西迴乃輯　清刻本　中國民族圖書館

12186　漢地佛教源流　（□）貢布加撰　清刻本　中國民族圖書館

12187　夏魯大譯師卻迴桑波傳　（□）仁欽桑波撰　清扎塘寺朱印本　西藏圖書館

12188　納若巴、瑪爾巴、米拉日巴師徒傳　清初銀字寫本　西藏圖書館

12189　苯教雍仲定修法本　（□）辛繞米吾其述　清抄本　西藏自治區丁青縣米杰拉章寺

12190　實踐寶鬘集要　（□）恰多貢布撰　清抄本　西藏自治區藏醫院

12191　嘎巴拉注釋明燈　（□）藏寧黑如噶·桑杰堅贊撰　清抄本　西藏圖書館

12192　哲木雄聖跡指南　清抄本　西藏圖書館

12193　詞藏論　（□）薩迦·貢嘎堅贊撰　清抄本　西藏圖書館

（二）西夏文

12194　勝相頂尊總持功德依經錄　西夏刻本　內蒙古博物院

12195　聖觀自在大悲心總持依經錄　西夏刻本　內蒙古博物院

12196　音同　西夏刻本　內蒙古自治區文物考古研究所

12197　佛頂放無垢光明入普門觀察一切如來心陀羅尼經　西夏寫本　內蒙古博物院

（三）蒙古文

12198　金光明最勝王經　（元）希儒僧格

譯　清康熙四年（1665）刻本　國
家圖書館

12199　聖者無量壽智大乘經　清刻本　中
國民族圖書館

12200　佛頂大白傘蓋陀羅尼經　（明）固
什朝爾濟譯　清金字寫本　國家圖
書館

12201　菩提道次第略論　（明）宗喀巴撰
清抄本　國家圖書館

12202　蒙古秘史　清抄本　西藏自治區札
達縣托林寺

（四）察合台文

12203　和卓傳　（清）穆罕默德・薩迪克・喀
什噶里撰　清抄本　中國民族圖書
館

12204　哈拉巴提詩集　（清）穆罕默德・
本・阿布都拉・哈拉巴提撰　清抄
本　新疆大學圖書館

12205　毛拉・薩里詩集　（清）毛拉・薩
里撰　清抄本　新疆維吾爾自治區
少數民族古籍搜集整理出版規劃領
導小組辦公室

12206　伊斯蘭倫理百科　清抄本　中國民
族圖書館

12207　提比玉素甫（玉素甫醫學書）　清
抄本　新疆維吾爾自治區圖書館

12208　艾格拉孜提比亞（醫學目的）

穆拉特伯克・艾利伯克撰　清毛
拉・沙木沙克拉帕提抄本　新疆維
吾爾醫學專科學校維吾爾醫藥古籍
文獻研究所

（五）彝文

12209　勸善經　明刻本　國家圖書館

12210　水西制度　清嘉慶五年（1800）抄
本　貴州省民族古籍整理辦公室

12211　彝漢天地　清道光二十六年（1846）
抄本　國家圖書館

12212　羅婆姻親史　清光緒十五年（1889）
抄本　國家圖書館

12213　納多庫瑟（聖經問答）　（法國）
保祿・維亞爾譯　清宣統元年
（1909）香港鉛印本　雲南省石林
彝族自治縣民族圖書館

12214　唄三小夥和嘰紅賽姑娘的故事　清
抄本　楚雄彝族文化研究院

12215　姑娘哭嫁調　清抄本　楚雄彝族文
化研究院

12216　唐王書　清抄本　楚雄彝族文化研
究院

（六）滿文

12217　御製表忠録　（清）世祖福臨輯
清順治十三年（1656）刻本　中國
民族圖書館

12218　内政輯要二卷　（清）世祖福臨輯　清順治十五年（1658）刻本　中國民族圖書館

12219　滿漢類書三十二卷　（清）桑額輯　清康熙四十五年（1706）天繪閣書坊刻本　遼寧省圖書館

12220　滿漢西廂記四卷　（元）王德信撰　清康熙四十九年（1710）刻本　遼寧省圖書館

12221　大清律集解附例　（清）朱軾等撰　清雍正三年（1725）刻本　中國民族圖書館

12222　清漢八旗炮位冊不分卷　清五色套印本　大連圖書館

12223　無圈點字檔一百八十卷　清乾隆四十三年（1778）抄本　遼寧省檔案館

12224　大悲神咒　清抄本　國家圖書館

12225　難經脈訣四卷　清抄本　國家圖書館

12226　大清太祖高皇帝實録十卷首三卷　（清）勒德洪　明珠等纂修　清乾隆十一年（1746）內府寫本　遼寧省檔案館

12227　大清太宗文皇帝實録六十五卷首三卷　（清）圖海　勒德洪等纂修　清乾隆十一年（1746）內府寫本　遼寧省檔案館

12228　大清世祖章皇帝實録一百四十四卷首三卷　（清）巴泰　圖海等纂修　清乾隆十一年（1746）內府寫本　遼寧省檔案館

12229　大清聖祖仁皇帝實録三百卷首三卷　（清）馬齊　朱軾等纂修　清乾隆十一年（1746）內府寫本　遼寧省檔案館

12230　大清世宗憲皇帝實録一百五十九卷首三卷　（清）鄂爾泰　張廷玉等纂修　清乾隆十一年（1746）內府寫本　遼寧省檔案館

12231　大清高宗純皇帝實録一千五百卷首五卷　（清）慶桂　董誥等纂修　清嘉慶十二年（1807）內府寫本　遼寧省檔案館
缺一卷（一千五百）

12232　大清仁宗睿皇帝實録三百七十四卷首四卷　（清）曹振鏞　戴均元等纂修　清道光四年（1824）內府寫本　遼寧省檔案館

12233　大清宣宗成皇帝實録四百七十六卷首四卷　（清）文慶　花沙納等纂修　清咸豐六年（1856）內府寫本　遼寧省檔案館

12234　大清文宗顯皇帝實録三百五十六卷首四卷　（清）賈楨　周祖培等纂修　清同治五年（1866）內府寫本

遼寧省檔案館

缺二卷（一百二十六至一百二十七）

12235　大清穆宗毅皇帝實錄三百七十四卷首四卷　（清）寶鋆　沈桂芬等纂修　清光緒六年（1880）内府寫本　遼寧省檔案館

缺二卷（一百九十六、一百九十九）

12236　大清太祖高皇帝聖訓四卷　清乾隆十一年（1746）内府寫本　遼寧省檔案館

12237　大清太宗文皇帝聖訓六卷　清乾隆十一年（1746）内府寫本　遼寧省檔案館

12238　大清世祖章皇帝聖訓六卷　清乾隆十一年（1746）内府寫本　遼寧省檔案館

12239　大清聖祖仁皇帝聖訓六十卷　清乾隆十一年（1746）内府寫本　遼寧省檔案館

12240　大清世宗憲皇帝聖訓三十六卷　清乾隆十一年（1746）内府寫本　遼寧省檔案館

12241　大清高宗純皇帝聖訓三百卷　清嘉慶十二年（1807）内府寫本　遼寧省檔案館

12242　大清仁宗睿皇帝聖訓一百十卷　清

道光四年（1824）内府寫本　遼寧省檔案館

12243　大清宣宗成皇帝聖訓一百三十卷　清咸豐六年（1856）内府寫本　遼寧省檔案館

12244　大清文宗顯皇帝聖訓一百十卷　清同治五年（1866）内府寫本　遼寧省檔案館

12245　大清穆宗毅皇帝聖訓一百六十卷　清光緒六年（1880）内府寫本　遼寧省檔案館

12246　清代宗室覺格玉牒五十一種　清内府寫本　遼寧省檔案館

列祖子孫宗室覺格玉牒一卷　清順治十八年（1661）内府寫本

列祖子孫宗室覺格玉牒一卷　清康熙九年（1670）内府寫本

列祖子孫宗室覺格玉牒一卷　清康熙十八年（1679）内府寫本

列祖子孫宗室覺格玉牒一卷　清康熙二十七年（1688）内府寫本

列祖子孫宗室覺格玉牒一卷　清康熙三十六年（1697）内府寫本

列祖子孫宗室覺格玉牒一卷　清康熙四十五年（1706）内府寫本

列祖子孫宗室覺格玉牒一卷　清雍正二年（1724）内府寫本

列祖子孫宗室覺格玉牒一卷　清雍

正十一年（1733）内府寫本

列祖子孫宗室豎格玉牒一卷　清乾
隆七年（1742）内府寫本

列祖子孫宗室豎格玉牒一卷　清乾
隆十四年（1749）内府寫本

列祖子孫宗室豎格玉牒一卷　清乾
隆二十五年（1760）内府寫本

列祖子孫宗室豎格玉牒一卷　清乾
隆三十三年（1768）内府寫本

列祖子孫宗室豎格玉牒一卷　清乾
隆五十三年（1788）内府寫本

列祖子孫宗室豎格玉牒一卷　清嘉
慶三年（1798）内府寫本

列祖子孫宗室豎格玉牒一卷　清嘉
慶十二年（1807）内府寫本

列祖子孫宗室豎格玉牒一卷　清嘉
慶二十三年（1818）内府寫本

列祖子孫宗室豎格玉牒一卷　清道
光八年（1828）内府寫本

列祖子孫宗室豎格玉牒一卷　清道
光十八年（1838）内府寫本

列祖子孫宗室豎格玉牒一卷　清道
光二十八年（1848）内府寫本

列祖子孫宗室豎格玉牒一卷　清咸
豐八年（1858）内府寫本

列祖子孫宗室豎格玉牒一卷　清同
治六年（1867）内府寫本

列祖子孫宗室豎格玉牒一卷　清光

緒三年（1877）内府寫本

列祖子孫宗室豎格玉牒一卷　清光
緒十三年（1887）内府寫本

列祖子孫宗室豎格玉牒一卷　清光
緒二十三年（1897）内府寫本

列祖子孫宗室豎格玉牒一卷　清光
緒三十三年（1907）内府寫本

列祖女孫宗室豎格玉牒一卷　清順
治十八年（1661）内府寫本

列祖女孫宗室豎格玉牒一卷　清康
熙九年（1670）内府寫本

列祖女孫宗室豎格玉牒一卷　清康
熙十八年（1679）内府寫本

列祖女孫宗室豎格玉牒一卷　清康
熙二十七年（1688）内府寫本

列祖女孫宗室豎格玉牒一卷　清康
熙三十六年（1697）内府寫本

列祖女孫宗室豎格玉牒一卷　清康
熙四十五年（1706）内府寫本

列祖女孫宗室豎格玉牒一卷　清雍
正二年（1724）内府寫本

列祖女孫宗室豎格玉牒一卷　清雍
正十一年（1733）内府寫本

列祖女孫宗室豎格玉牒一卷　清乾
隆七年（1742）内府寫本

列祖女孫宗室豎格玉牒一卷　清乾
隆十四年（1749）内府寫本

列祖女孫宗室豎格玉牒一卷　清乾

隆二十五年（1760）内府寫本

列祖女孫宗室暨格玉牒一卷　清乾
隆三十三年（1768）内府寫本

列祖女孫宗室暨格玉牒一卷　清乾
隆四十三年（1778）内府寫本

列祖女孫宗室暨格玉牒一卷　清乾
隆五十三年（1788）内府寫本

列祖女孫宗室暨格玉牒一卷　清嘉
慶三年（1798）内府寫本

列祖女孫宗室暨格玉牒一卷　清嘉
慶十二年（1807）内府寫本

列祖女孫宗室暨格玉牒一卷　清嘉
慶二十三年（1818）内府寫本

列祖女孫宗室暨格玉牒一卷　清道
光八年（1828）内府寫本

列祖女孫宗室暨格玉牒一卷　清道
光十八年（1838）内府寫本

列祖女孫宗室暨格玉牒一卷　清道
光二十八年（1848）内府寫本

列祖女孫宗室暨格玉牒一卷　清咸
豐八年（1858）内府寫本

列祖女孫宗室暨格玉牒一卷　清同
治六年（1867）内府寫本

列祖女孫宗室暨格玉牒一卷　清光
緒三年（1877）内府寫本

列祖女孫宗室暨格玉牒一卷　清光
緒十三年（1887）内府寫本

列祖女孫宗室暨格玉牒一卷　清光

緒二十三年（1897）内府寫本

列祖女孫宗室暨格玉牒一卷　清光
緒三十三年（1907）内府寫本

（七）東巴文

12247　祭三多神經　清抄本　國家圖書館

12248　祭神署經　清抄本　國家圖書館

（八）水文

12249　保福書　清嘉慶二十年（1815）抄
本　貴州省荔波縣檔案館

12250　陸奪總會　清同治元年（1862）抄
本　黔南民族師範學院

12251　金堂卷　清光緒抄本　貴州民族文
化宮民族圖書館

12252　小兒命理　清抄本　貴州省三都水
族自治縣檔案館

12253　論攻守　清抄本　國家圖書館

（九）古壯字

12254　送五海壹科　清抄本　廣西壯族自
治區圖書館

12255　魯班唱　清抄本　廣西壯族自治區
圖書館

12256　入□（壇）初開唱　清抄本　廣西
壯族自治區圖書館

（十）布依文

12257　立願還願書　清光緒九年（1883）抄本　貴州省荔波縣民族宗教事務局布依文古籍研究館

12258　早晚儀疏　清光緒十七年（1891）抄本　貴州省荔波縣民族宗教事務局布依文古籍研究館

（十一）多文種

12259　佛說四十二章經　藏滿蒙漢　清刻本　國家圖書館

12260　滿洲實録八卷　滿漢蒙　清乾隆四十三年（1778）抄本　遼寧省檔案館

三、其他文字珍貴古籍

（一）拉丁文

12261　世界各地　（希臘）狄奧尼修斯撰　公元1477年威尼斯初版印本　上海圖書館

12262　論人體構造　（比利時）安德雷亞斯·維薩留斯撰　公元1543年巴塞爾版印本　國家圖書館

12263　地球大觀　（比利時）奧代理撰　公元1570年安特衛普初版印本　國家圖書館

12264　幾何原本　（希臘）歐幾里德撰　公元1572年佩薩羅版印本　北京大學圖書館

12265　論星盤　（德國）克里斯托夫·克拉維烏斯撰　公元1593年羅馬版印本　國家圖書館

12266　基督教遠征中國史　（意大利）利瑪竇撰　（法國）金尼閣編譯　公元1615年奧古斯堡初版印本　上海圖書館

12267　中國植物志　（波蘭）卜彌格撰　公元1656年維也納初版印本　上海圖書館

（二）意大利文

12268　曼德維爾游記　（英國）曼德維爾撰　公元1480年米蘭初版印本　上海圖書館

（三）英文

12269　基督教要義簡本　（法國）約翰·加爾文撰　公元1585年愛丁堡版印本　北京大學圖書館

12270　物種起源　（英國）達爾文撰　公元1859年倫敦初版印本　中國科學院國家科學圖書館

（四）多文種

12271　論各種工藝機械　（意大利）奧古

斯蒂諾·拉梅利撰　意大利文法文　公元1588年巴黎版印本　國家圖書館

12272　論語　（意大利）殷鐸澤譯　漢文拉丁文　公元1662年刻本　上海圖書館

12273　漢葡辭典　漢文葡萄牙文　十七世紀抄本　國家圖書館

12274　漢字西譯　（意大利）葉尊孝撰　漢文拉丁文　公元1723年抄本　上海圖書館

第五批國家珍貴古籍選粹

11377　傅說之命三篇　戰國中晚期　竹簡
清華大學出土文獻研究與保護中心藏。

11386　數　秦代　竹簡

湖南大學嶽麓書院藏。

11388　堪輿　西漢　竹簡

北京大學藏。

11389　節　西漢　竹簡

北京大學藏。

寶无有法得阿耨多羅三藐三菩提是故然
燈佛與我受記作是言汝於来世當得作佛
号釋迦牟尼何以故如来者即諸法如義若
有人言如来得阿耨多羅三藐三菩提湏菩
提實无有法得阿耨多羅三藐三菩提湏
菩提如来所得阿耨多羅三藐三菩提於是
中无實无虛是故如来說一切法皆是佛法
湏菩提所言一切法者即非一切法是故名
一切法湏菩提譬如人身長大湏菩提言世
尊如来說人身長大則為非大身是名大身
湏菩提菩薩亦如是若作是言我當滅度
无量衆生則不名菩薩何以故湏菩提實无
有法名為菩薩是故佛說一切法无我无
衆生无壽者湏菩提若菩薩作是言我當莊

11395　金剛般若波羅蜜經　（後秦）釋鳩摩羅什譯　唐寫本

卷軸裝。高26厘米，長50厘米。存一紙，二十八行。烏絲欄。有釋曇昉題記并鈐印。浙江圖書館藏。

識界及意觸意觸為緣所生諸受无染亦无
散失舍利子地界无染亦无散失水火風空
識界无染亦无散失舍利子苦聖諦无染亦
无散失集滅道聖諦无染亦无散失舍
无明无染亦无散失行識名色六處觸受愛
取有生老死愁歎苦憂惱无染亦无散失舍
利子內空无染亦无散失外空內外空空
大空勝義空有為空无為空畢竟空无際空
散空无變異空本性空自相空共相空一切
法空不可得空无性空自性空无性自性空
无染亦无散失

大般若波羅蜜多經卷第六十八

11391　大般若波羅蜜多經卷第六十八　　（唐）釋玄奘譯　吐蕃統治敦煌時期寫本

卷軸裝。高24厘米，長704厘米。存十五紙，四百十八行。烏絲欄。有潘復、莊蘊寬、葉恭綽、王彭、梅光遠、張名振、馬振憲、彭憲、范熙壬、丁康保跋。國家圖書館藏。

染亦无散失善現苔言舍利子色无染亦无

散失受想行識无染亦无散失舍利子眼处

无染亦无散失耳鼻舌身意处无染亦无

法处无染亦无散失舍利子色处无染亦无散失聲香味觸

散失色界眼識界及眼觸眼界无染亦无

受无染亦无散失舍利子耳界无染亦无散

失聲界耳識界及耳觸耳界无染亦无散

无染亦无散失舍利子鼻界无染亦无散失

香界鼻識界及鼻觸鼻界為緣所生諸受无

染亦无散失舍利子舌界无染亦无散失味

界舌識界及舌觸舌界為緣所生諸受无染

亦无散失舍利子身界无染亦无散失觸界

11404　妙法蓮華經卷第五　（後秦）釋鳩摩羅什譯　武周證聖元年（695）寫本

卷軸裝。高24.7厘米，長986.6厘米。存二十三紙，五百七十行。烏絲欄。卷尾有題記"大周證聖元年歲次乙未四月戊寅朔廿一日戊戌弟子薛崇徽奉為尊長敬造"。國家圖書館藏。

滅後諸善男子善女人受持讀誦是經典者

復有如是諸善功德當知是人已趣道場近

阿耨多羅三藐三菩提坐道樹下阿逸多是

善男子善女人若坐若立若行於此中便應

起塔一切天人皆應供養如佛之塔爾時世尊

欲重宣此義而說偈言

若我滅度後　能奉持此經　斯人福無量　如上之所說

是則為具足　一切諸供養　以舍利起塔　七寶而莊嚴

表剎甚高廣　漸小至梵天　寶鈴千萬億　風動出妙音

又於無量劫　而供養此塔　華香諸瓔珞　天衣眾伎樂

燃香油酥燈　周迊常照明　惡世法末時　能持是經者

則為已如上　具足諸供養　若能持此經　則如佛現在

以牛頭栴檀　起僧坊供養　堂有三十二　高八多羅樹

上饌妙衣服　床卧皆具足　百千眾住處　園林諸流池

七五

弔有授量功德經
楚女首意經
菩薩十住經
出家功德經
　菩薩行行經
菩薩於行經
大　意經
滅十方冥經
文殊師利發願經
慧大迴向經
諸佛侍養經
　中日經
善浄藏菩薩經
盧空藏菩薩經
右經十四卷同袠

一切經音十三卷同袠
長興伍年歲次甲午六月十五日
弟子三界寺沙弥道真見雷
寺藏内經論部不全遂乃啓縉
度誠聖發弘願謹共諸家蒐藏
尋訪古壞經文投入寺繕補頭尾
流傳於世先師玄門萬代千
秋水充供養義使

龍天八部護衛神沙先擇四
府主大王常殊寶佐先三娘
巷趣勝會遇拜龍花通往
宗枝福禄長館拴觀鼓應
有藏内經論氣為目録

太子徳第報慈經一節　　七卷　張
金光明經一節　　　　　思　　張
維摩經一節　　　　　　三卷　張
僧護經
金剛三昧經
文殊即将犬往神呪經
流求退願往生神呪經
大灌頂天大言一名藥師瑠璃
十一面神呪經
般若波羅蜜多經
佛花嚴經卷

勝幡師子孔雀大方便廣經
新新龍謝經
千佛因緣經
阿弥陀經
弥勒成佛經
菩薩藏經
　　十二面神呪經
無稱讚佛功德經
大方廣善薩十地經
業報差別經
右十經同袠

善恩童子經
佛往海藏經
孔雀王經
未曾有因緣經
文殊師利所說般若經
金剛經靈驗
右文經同袠

諸法亲行經
如意輪經
七俱胝佛忠經
唐詞殺言鈔經
大般若經
　海藏賀慧游駃經
古四經同袠

大賢積經
大辯正量壽經
大寶積經
七俱殿佛忠經
如意輪經
諸法亲行經
右四經同袠

大准提陀羅尼經
佛頂宵陀羅尼經
金剛經論卷中
弥勒下生經
校量數珠功德經
无常經跋
八陽神呪經
右八經同袠

此録不之

11414　三界寺藏內經論目録　（唐）釋道真撰　歸義軍時期寫本

卷軸裝。高25.1厘米，長377.2厘米。存八紙，每紙約二十三行，共一百九十四行。烏絲欄。有題記。敦煌研究院藏。

大般若波羅蜜多經一部　六百卷　六十帙

大方廣佛華嚴經一部　八十卷　八帙

大集經三部

大涅槃經一部　十三卷

寶雲經　大眾經三部　十三卷

佛本行集經一部　六十卷　六帙

大寶積經一部　一百二十卷　十八帙

大佛名經　一部　十二卷

大智度論經一部　百卷　十帙

大佛頂經　一部　十卷

書大般若經一部　四百卷

妙法蓮花經　一部　八卷

大佛嚴經　一部　十卷

金光明最勝王經　一部　十卷　三帙

大集日藏經一部

大乘八楞伽經一部　十卷　一帙

思益梵天經　一部　三卷

中陰經　上下二卷

解滿蜜經一部　二卷

佛說利天為毘法經

大莊嚴法門經

文殊師利淨律經

右六經同帙

像法決疑經

金剛三昧經

須摩提經

無畏德女經

月光童子經

金色王經

金光明經

大辯邪正經

梵本般若經

大集賢護經

銀色女經

温室洗浴經

導賢陀居士經

右四經同帙

薦法清淨經

蔡王藥上經

大寶積經

諸法最上經

除恐災患經

佛說火惠經

德光太子經

口光太子經

右十經同帙

菩薩見寶三昧經

摩訶般若波羅蜜經

花嚴十惡經

菩薩藏經

寶薩藏經

天壽神阿羅經

阿羅婆王受記經

六門陀羅尼經

右經十三卷同帙

無量壽觀經

讚明經

戒經

諸菩薩隨身經

馬有八態經

略右札杆有法經

菩薩藏經

八陽神咒經

優婆塞五戒經

讚諸童手經

父母恩重經

大乘無盡藏法

楞伽佛語心

佛母經

右經十一卷同帙

金光明經四卷

觀音菩薩經

佛本行集經

解脱金剛經

金剛般若波羅蜜多經

佛藏經四卷

欲福經

九橫經

灌頂章句祐除過罪生死經

右經十一同帙

薩羅摩訶般菩經

阿彌王受記經

般若波羅蜜多心經

右經十一卷同帙

薩羅金剛經

金剛般若波羅蜜多經

右經十卷同帙

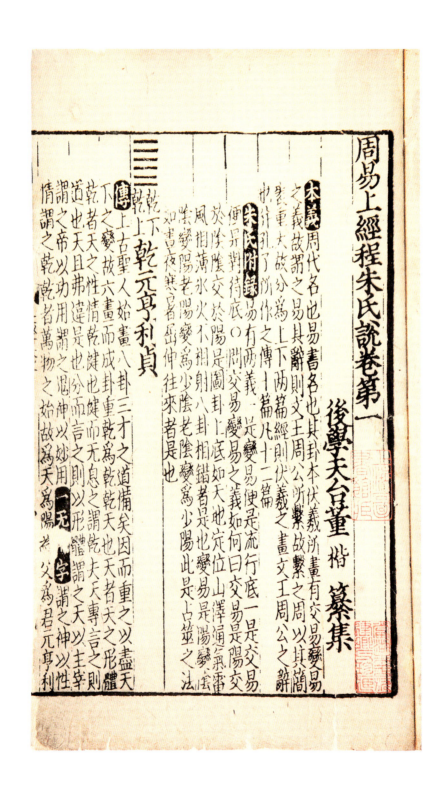

11418　周易程朱氏説二十卷　（宋）董楷輯　程子上下篇義一卷　（宋）程頤撰　朱子易圖説一卷周易五贊一卷筮儀一卷　（宋）朱熹撰　雜卦朱氏説一卷序卦程朱氏説一卷　（宋）董楷輯　元刻本

匡高18.5厘米，廣12.4厘米。半葉十一行，行二十一字，小字雙行二十四字，黑口，左右雙邊。有"當湖朱善旂建卿父珍藏"等印。路慎莊、朱善旂跋。上海圖書館藏，存十一卷。

右周易程朱氏説上下經并繫辭等合
十七卷易圖綱領一卷宋天台董正叔纂
集正叔心朱子再傳之學故是書一以朱
子為宗而朱子本義又實以補程傳之所
不足程專言理朱子兼言象數理數並
該易道乃備董氏合二家為一職此之
由宗元繫事迄世罕見惟見右雍通志
堂十四卷三本頗札 同年友朱建卿助

教審小觀是帙分卷十六刊印精妙殊み
元繫無賴惜為心失去房跋與由考校
朝闕年月以昭文張氏藏書志攷之知為
元至正刊本与通志堂本竟大相逕庭
四庫著錄朱氏經義攷所列均用十四
卷三本則未見此本可知建邨之其
什祕裝藏之道光戊申八月上澣閱申
路愼莊識

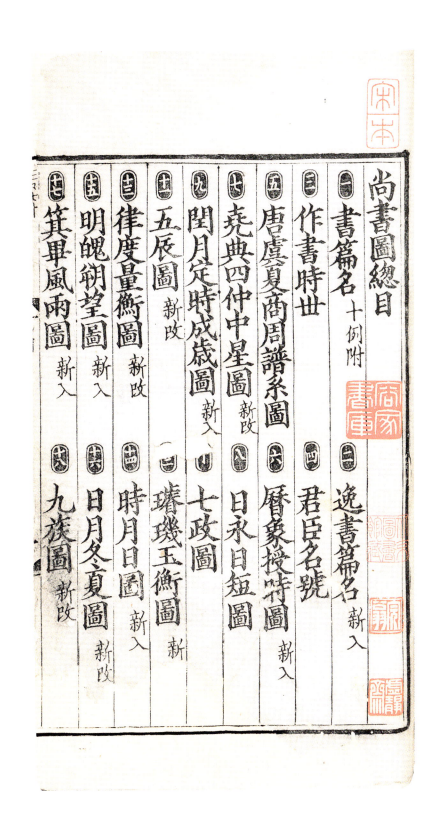

尚書圖總目

書篇名 十例附

〔一〕　逸書篇名 新入

〔二〕　君臣名號

〔三〕　作書時世

〔四〕　曆象授時圖 新入

〔五〕　唐虞夏商周譜系圖 新改

〔六〕　日永日短圖

〔七〕　堯典四仲中星圖 新改

〔八〕　七政圖

〔九〕　閏月定時成歲圖 新入

〔一○〕　璿璣玉衡圖 新

〔十〕　五辰圖 新改

〔一一〕　時月日圖 新改

〔十二〕　律度量衡圖 新改

〔十三〕　日月冬夏圖 新改

〔十四〕　明魄朔望圖 新入

〔十五〕　箕畢風雨圖 新入

〔十六〕　九族圖 新改

11421　尚書圖一卷　宋刻本

匡高19.8厘米，廣13厘米。半葉十一行，行字不等，黑口，四周雙邊。有"虛靜齋""黃裳藏本"等印。胡珽、黃裳跋。國家圖書館藏。

生民之什三之二

詩卷第十七　朱熹集傳

厥初生民時維姜嫄（音原叶魚倫反）生民如何

克禋（音因）克祀（叶墨里反）以弗無子（叶獎履反）履帝

武敏（鄙叶反）歆（音欽）攸介攸止載震載夙（音育）

載生載育（叶逼遍反）時維后稷

（賦也人民也時是也姜姓嫄名炎帝後姜嫄有邰氏女名
也祀郊禖也弗祓無子而求有子也古者立郊禖蓋祭天
於郊而以先媒配也變媒言禖者神之也其禮以玄鳥至
之日用太牢祀之天子親往后妃率九嬪御乃禮天子所
御帶以弓韣授以弓矢于郊禖之前也居其室也震動也
娠妊也夙肅也敏拇也拇足大指也履踐也帝上帝也敏
拇也歆動然如有人道之感於是即其所大拇之迹而足
履之也震動而有娠乃周人之祖后稷也○姜嫄出祀郊
禖見大人迹而履其拇遂歆歆然如有人道之感於是即
其所大拇之迹而履之其後震動有娠乃周人之祖后稷
也變媒言禖者蓋以其始生之祥推本其所由以異於常
人也○敏以大以生由所以作此詩以推本其始生之祥
明巨跡受天命故於天固有以異於常人也然其母之受
命故於天固有以推本其始生人也然）

11423　詩集傳二十卷　（宋）朱熹撰　宋刻本

蝴蝶裝。匡高18.6厘米，廣14厘米。半葉七行，行十五字，小字雙行同，白口，左右雙邊。北京大學圖書館藏，存四卷。

析城鄭氏家塾重校三禮圖目錄卷第二十

通議大夫國子司業兼太常博士柱國賜紫金魚袋臣聶　崇義　集注

舊圖十卷形制闕漏文字省略名數法式上下差違既
無所從難以取象蓋以傳俗不知所自也臣崇義先於
顯德三年冬奉　命差定　郊廟器玉因敢刪改其或
名數雖殊制度不別則存其名而略其制者舠簋車輅
之類是也其名義多而舊圖略振其綱而無其制者亦
就而不圖仍別序目錄其為二十卷凡所集注皆周公
略而增之射侯喪服之類也有其名而無其制者亦
正經仲尼所定康成所注傍依疏義事有未達則引漢
法以況之或圖有未周則於目錄內詳證以補其闕又
案許近禮周知沿革至
大宋建隆二年四月辛丑第叙訖冠冕衣服見吉凶

11427　析城鄭氏家塾重校三禮圖二十卷　（宋）聶崇義集注　蒙古定宗二年（1247）析城鄭氏家塾刻本（卷一至二配清初毛氏汲古閣抄本）

匡高21.8厘米，廣16.4厘米。半葉十三行，行二十一字，黑口，左右雙邊。有"汲古主人""涵芬樓"等印。國家圖書館藏。

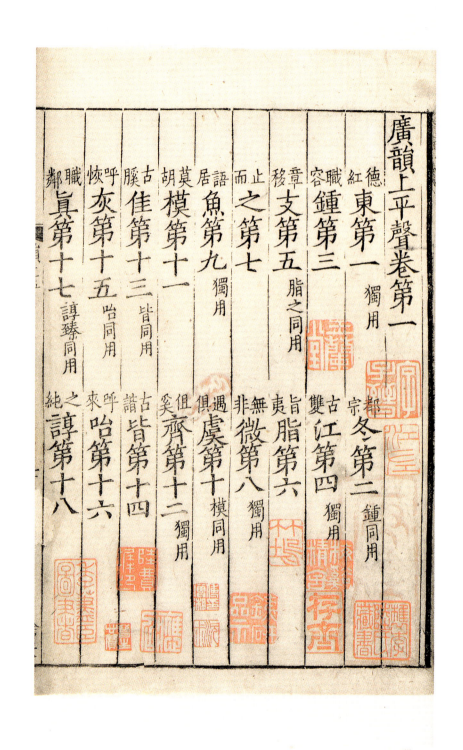

廣韻上平聲卷第一

德紅　東第一　獨用
　　　都宗　冬第二　鍾同用
職容　鍾第三
　　　古雙　江第四　獨用
章移　支第五　脂之同用
　　　旨夷　脂第六
止而　之第七
　　　無非　微第八　獨用
語居　魚第九　獨用
　　　俱遇　虞第十　模同用
莫胡　模第十一
　　　奚古　齊第十二　獨用
古膎　佳第十三　皆同用
　　　諧皆　皆第十四
呼恢　灰第十五　咍同用
　　　來咍　咍第十六
職鄰　眞第十七　諄臻同用
　　　純之　諄第十八

11432　廣韻五卷　（宋）陳彭年等撰　宋紹興刻本

匡高21.2厘米，廣15.6厘米。半葉十行，行字不等，白口，左右雙邊。有"字子晋""季印振宜""檇李陸氏藏書""傅印增湘"等印。沈曾植題詩。國家圖書館藏，存三卷。

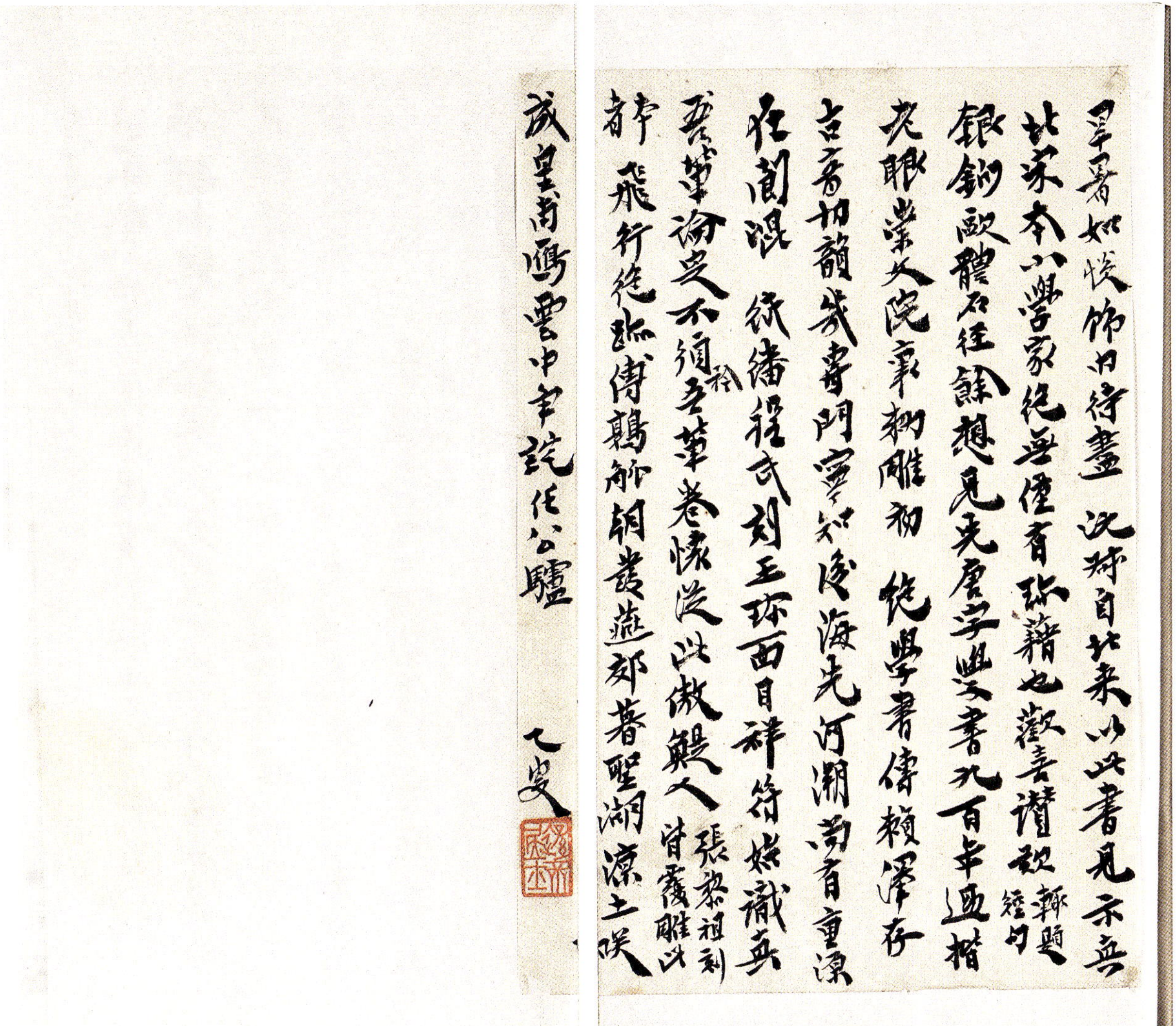

開府儀同三司上柱國錄軍國重事右丞相監修
國史領　經筵事都總裁臣脫脫奉
勅修

海陵

廢帝海陵庶人亮字元功本諱迪古乃遼王宗幹第二
子也母大氏天輔六年壬寅歲生天春三年年十八以宗室
子為奉國上將軍赴梁王宗弼軍前任使以為行軍萬戶
遷驃騎上將軍皇統四年加龍虎衛上將軍為中京留守
遷光祿大夫為人慓急多猜忌殘忍任數初熙宗以太祖
嫡孫嗣位亮意以為宗幹太祖長子而己亦太祖孫遂懷
覬覦在中京專務立威以厭伏小人猛安蕭裕傾險敢決
亮結納之每與論天下事裕揣知其意因勸海陵舉大事
語在裕傳七年五月召為同判大宗正事加特進十一月
拜尚書右丞務攬持權柄用其腹心為省臺要職引蕭裕
為兵部侍郎一日因召對語及太祖創業艱難亮因嗚咽
流涕熙宗以為忠八年六月拜平章政事十一月拜右丞
相九年正月兼都元帥熙宗使小底大興國賜亮生日悼
后亦不自安三月拜太保領三省事益邀求人譽引用勢望子
孫結其驩心四月學士張鈞草詔忤旨苑熙宗問誰使為

海陵紀　字三百七十　卅行　金史卷五　一　胡崑之刊

11443　金史一百三十五卷目録二卷　（元）脱脱等撰　元至正五年（1345）江浙等處行中書省刻本

蝴蝶裝。匡高22.2厘米，廣16.4厘米。半葉十行，行二十二字，細黑口，四周雙邊。國家圖書館藏，存四十三卷。

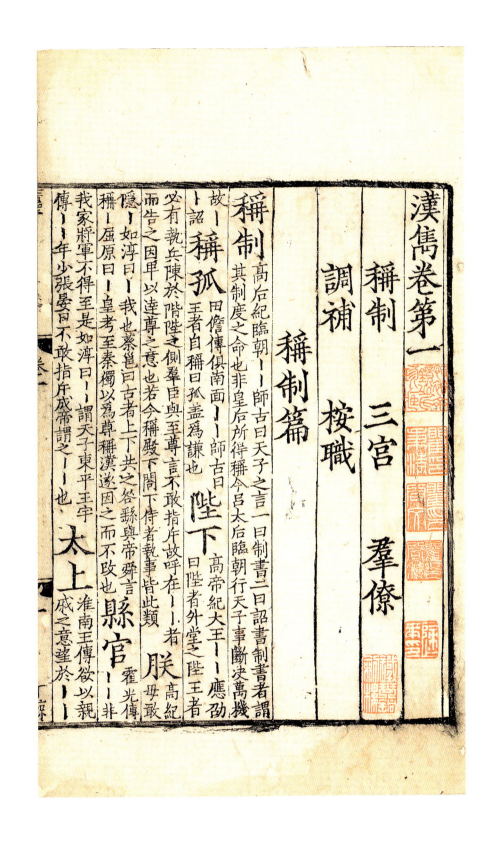

漢雋卷第一

稱制　三宮　羣僚

調補　桉職

稱制篇

稱制
　其制度之命也非皇后所得稱今呂太后臨朝行天子事斷決萬機
高后紀臨朝──師古曰天子之言──曰制書──曰詔書制書者謂

故──詔──稱孤
田儋傳俱南面──師古曰
王者自稱曰孤盖爲謙也

必有執兵陳於階陛之側羣臣與至尊言不敢指斥故呼在──小者
而告之因卑以達尊之意也若今稱殿下閤下侍者執事皆此類

隱──如淳曰──我也紊邑曰古者上下共之各縣與帝舜言
稱──屈原曰──皇考至秦獨以爲尊稱漢遂因之而不攺也

我家將軍不得至是如淳曰──謂天子東平王宇
傳──年少張晏曰不敢指斥成帝謂之──也

陛下
曰陛者外堂之陛王者

朕
母取

縣官
霍光傳

太上
戚之意達於──
淮南王傳敢以親

11446　漢雋十卷　（宋）林鉞輯　宋嘉定四年（1211）滁陽郡齋刻本

匡高21厘米，廣16.6厘米。半葉九行，行十五字，小字雙行二十九至三十字，白口，左右雙邊。有"鐵琴銅劍樓""恬裕齋鏡之氏珍藏""瞿印秉清""瞿印啓文"等印。國家圖書館藏。

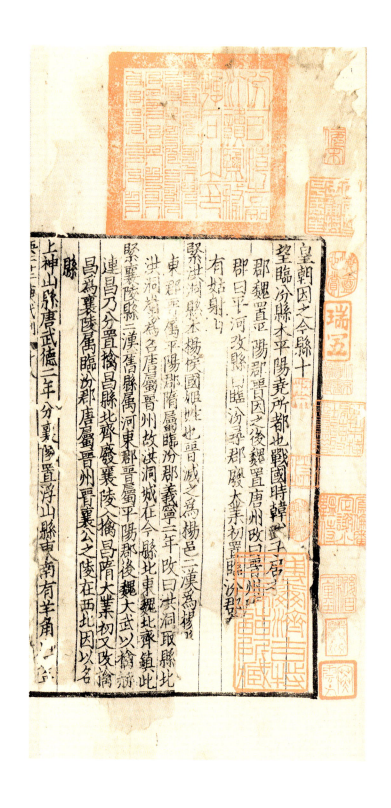

11447　輿地廣記三十八卷　（宋）歐陽忞撰　宋九江郡齋刻嘉泰四年（1204）淳祐十年（1250）遞修本

匡高18.9厘米，廣12.8厘米。半葉十三行，行二十四字，白口，左右雙邊。有"佞宋""後百宋一廛""寒雲主人"等印。顧廣圻、黃丕烈、李盛鐸、袁克文跋。國家圖書館藏，存二十一卷。

茅山志誥副墨第一篇上卷之第一

上清嗣宗師劉 大彬 造

漢誥誥

漢安帝元壽二年太歲庚申八月十八日己酉

天皇太帝授茅君九錫玉册文

惟盈虛祥遠朗幽耽妙玄爰自童蒙徹與北山靜心林澤積
思求神鑒峻履谷艱尋師門攦飛絕蕚授躭万津丹誠率往
肆其天然遂造明匡迺受靈蕋蕭騫祝贻殘首截身帶索自
樂不飢寒所適維道所保以真情贻上帝感澈太玄令敬
授盈位為太元真人領東岳上卿司命神君
君平心格匠秉操金石丹心矯衆神高暎今故報以玉鉞
綠旌八威之篆使征伐邪源析衝萬神 其一君寒凍林谷味
玄仰真思激窮岫庭心精誠今故報以紫毦之節藕轂華冠

11448　茅山志十五卷　　（元）劉大彬撰　元刻本（卷三至七配明刻本，卷十至十二、十四至十五配清劉履芬抄本）

匡高21.9厘米，廣15.9厘米。半葉十三行，行二十四字，細黑口，左右雙邊。有"唐翰題""趙鈁珍藏"等印。吳騫、章鈺跋。國家圖書館藏。

茅山志序

皇慶改元

制賜茅山四十五代宗師劉大彬洞觀微妙玄應真人後五年

褒封三茅真君徽號各加二字曰真應曰妙應曰神應仍

勅三峯為觀曰聖祐曰德祐曰仁祐明年傳壇之玉印久湮

至是復出有司上其事奉

旨嘉昇本山於是

涎遲沓臻靈匹挺瑞神人以和凡經籙棟宇百廢之宜鏹治

繕完者宗師得以卷真心力為又病夫山志前約而後闕也

乃囑諸入室弟子枭集成書來徵予序闊其所載

詔誥之隆仙真之興洞府之邃壇籙之傳人物之偉樓觀之

盛山水之清草木之秀碑刻之紀顯詠之工莫不昕分類析

縈然大備按茅山本句曲山第八華陽洞天第一地肺福地

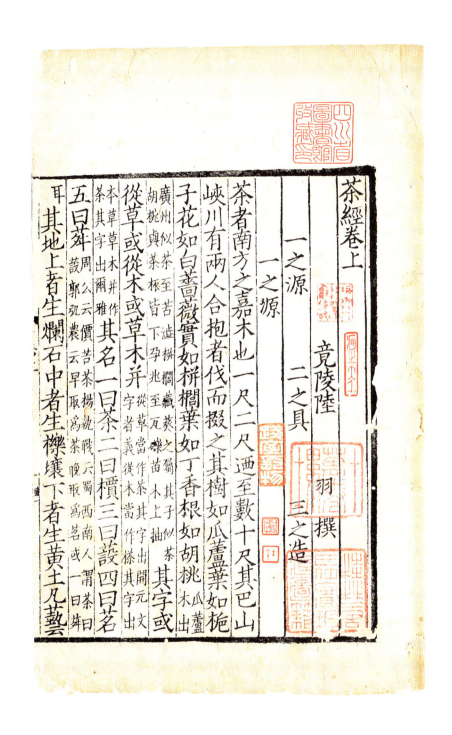

茶經卷上

一之源　竟陵陸

一之源　二之具

羽撰

三之造

茶者南方之嘉木也一尺二尺迺至數十尺其巴山
峽川有兩人合抱者伐而掇之其樹如瓜蘆葉如梔
子花如白薔薇實如栟櫚葉如丁香根如胡桃瓜蘆
木出廣州似茶至苦澀栟櫚蒲葵之屬其子似茶胡
桃與茶根皆下孕兆至瓦礫苗木上抽其字或從草或
從木或草木并其名一曰茶二曰檟三曰蔎四曰茗
五曰荈

11453　茶經三卷　（唐）陸羽撰　宋刻百川學海本

匡高18厘米，廣13.5厘米。半葉十二行，行二十字，小字雙行同，白口，左右雙邊。有"十萬卷樓"等印。四川省圖書館藏。

因明論理門十四過類疏

大慈恩寺沙門　窺基撰

論云謂於圓滿能立顯示缺減性於無過宗有
過宗言於成就因不成就因言於決定因不決定
因言於不相違因相違因言於無過喻言有所
缺減即是似破此顯懟似破也下顯別似破於無
述曰此解也立者三支皆圓滿敵者妄言有過
過宗有過宗言者依理門論十四過類即是似
破今不可具引其文但略取其意以彰似破十四
過類者一同法相似過類二異法相似過類三
似過類四無異相似過類五可得相似過類
似過類九無因相似過類十無說相似過類十一
無生相似過類十二所作相似過類十三生過相
似過類十四常住相似過類同法即是相似故名
同法相似餘皆例然此十四種皆於能立非理妄
破故名為過然似能破故名為過類則是能破之
類而有過故名為過類第一同法相似過類者內
曰聲無常勤勇無間所發性者是無常辟如瓶等
所發性者皆是無常辟如瓶等異喻如虛空聲無
非勤勇無間所發如瓶常辟如常辟常宗無
質碳故因諸无質碳皆是常辟如虛空同喻諸
無常者見彼質碳猶如瓶等異喻此之外量有不

11456　因明論理門十四過類疏一卷　（唐）釋窺基撰　金皇統九年至大定十三年（1149—1173）刻元重修趙城金藏本

卷軸裝。高32.7厘米，廣374.7厘米。存七紙，每紙二十七行，行十九字。河北大學圖書館藏，存一卷（殘）。

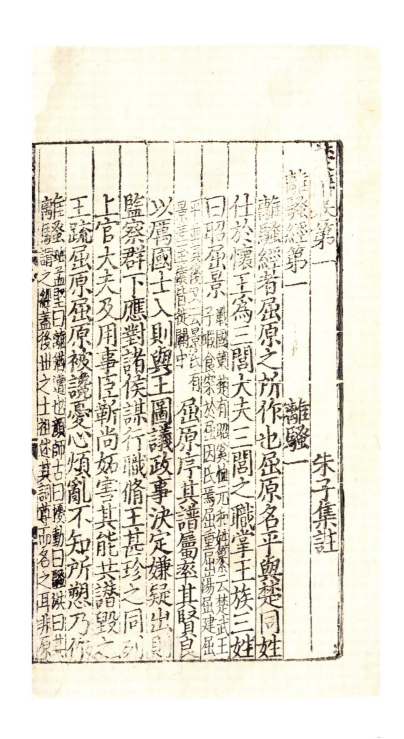

11464　楚辭集註八卷辯證二卷後語六卷　（宋）朱熹撰　元後至元二年（1336）建安傅子安刻本

匡高20.5厘米，廣12.5厘米。半葉十一行，行二十字，小字雙行二十四字，黑口，左右雙邊。有"建安傅子安宅重刊至元丙子孟春印行"牌記。國家圖書館藏。

11474　淳化閣帖十卷　（宋）王著摹　北宋淳化三年（992）原刻南宋重刻　南宋拓泉州本

拓本三十三開，題簽及題跋六開。墨本高25厘米，廣13.6厘米。有"日藻""平齋審定"等印。繆曰藻、褚德彝、吳昌碩題簽，王文治題簽并跋，彭紹升、潘奕雋、陸恭、顧蓴跋。香港中文大學中國文化研究所文物館藏，存三卷。

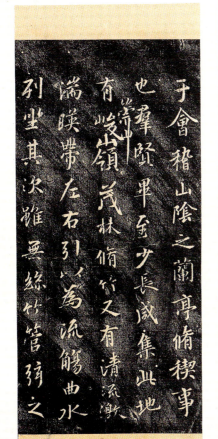

11475　蘭亭序　（晋）王羲之撰并書　南宋拓御府領字從山本（游似藏甲之二）

拓本三開半，印章及題跋約半開。有"晋府書畫之印""敬德堂圖書印""世安之印""潘氏珍賞之章"等印。游似題字，佚名跋。香港中文大學中國文化研究所文物館藏。

異所以興懷其致一也後之攬
者亦將有感於斯文

右诗府本領字從山他本所無

學校

五希之學曰成均。

周礼春假大司樂掌成均之法註董仲舒云成均五帝之学

有虞氏大學在西郊曰上庠小學在王宮之東曰下庠注云上庠大學也在西郊下

王制云有虞氏養國老于上庠養庶老于下庠注云

庠小學也在國中王宮之東

夏后氏大學在東曰東序小學在西曰西序

王制云夏后氏養國老于東序養庶老于西序

殷人大學在西曰瞽宗小學在東曰左學

王制云殷人養國老于右學養庶老于左學

其東西左右不同者虞夏取其有成西為成方故圉學在西。殷夏貴文取積

漸長養故學生東東長養之方也

見王制疏

周人之大學有五。小學有二。五者何其四方四學太子之学也。其中央之学则

天子之学也。在国中王宮之東

11505　三禮便蒙不分卷　（清）焦循撰　手稿本

半葉十六行，行三十一字。有“焦氏藏書”“半九書舍”等印。上海圖書館藏。

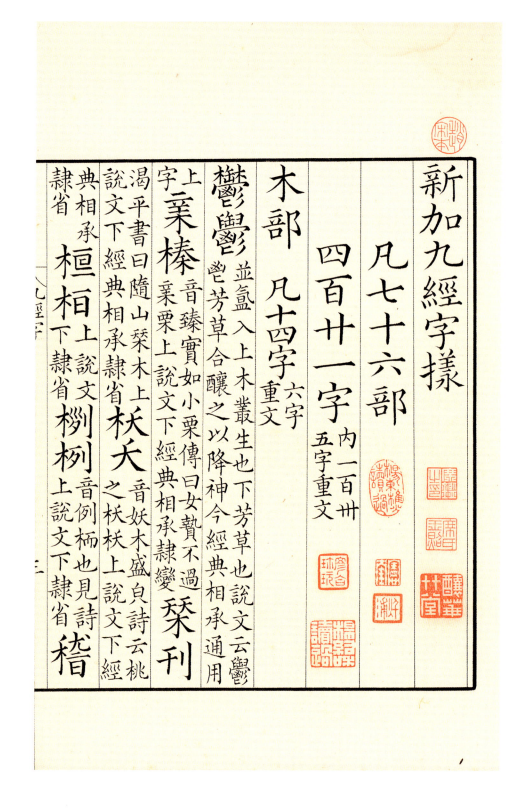

新加九經字樣

凡七十六部

四百廿一字 內二百卅
五字重文

木部 凡古字 六字
重文

鬱鬱 並䰟入上木叢生也下芳草也說文云鬱
鬯芳草合釀之以降神今經典相承通用

字棄榛 上音臻實如小栗傳曰女摯不過
棄栗上說文下經典相承隸變 棄刊

渴平書曰隨山栞木上栞木盛貞詩云桃
說文下經典相承隸省 枒夭 之枒木上說文下經
典相承隸省

栢栢 上說文 枂枂 上說文下隸省
隸省 下隸省 音例栢也見詩下隸省 稽

11536　新加九經字樣一卷　（唐）唐玄度撰　清初席氏釀華草堂影宋抄本

匡高21.9厘米，廣18.9厘米。半葉八行，行字不等，白口，左右雙邊。有"席鑑之印""釀華草堂""汪印士鐘""楊紹和讀過""周暹"等印。國家圖書館藏。

翰林學士兼侍讀學士朝散大夫守尚書吏部郎中知制誥充史館修撰判昭文館兼提舉集賢院事兼判國子監上護軍賜紫金魚袋臣丁度奉

集韻卷之一

韻例

救脩定

昔唐虞君臣賡載作歌商周之代頌雅參列則聲韻經見此

為始後世屬文之士比音擇字類別部居乃有四聲若周研

李登呂靜沈約之流皆有編著近世小學濅廢六書亡缺臨文

用字不給所求隋陸法言唐李舟孫愐各加裒撰以禆其闕

先帝時令陳彭年丘雍因法言舊說為刋益景祐四年太常博

士直史館宋祁太常丞直史館鄭戩建言彭年雍所定多用

舊文繁略失當因

11544　集韻十卷　（宋）丁度等撰　清初錢氏述古堂影宋抄本

匡高24.7厘米，廣17.8厘米。半葉十一行，行二十三字，小字雙行二十五至二十七字，白口，四周單邊。有"修伯秘藏""仁龢朱澂""徐乃昌讀"等印。上海圖書館藏。

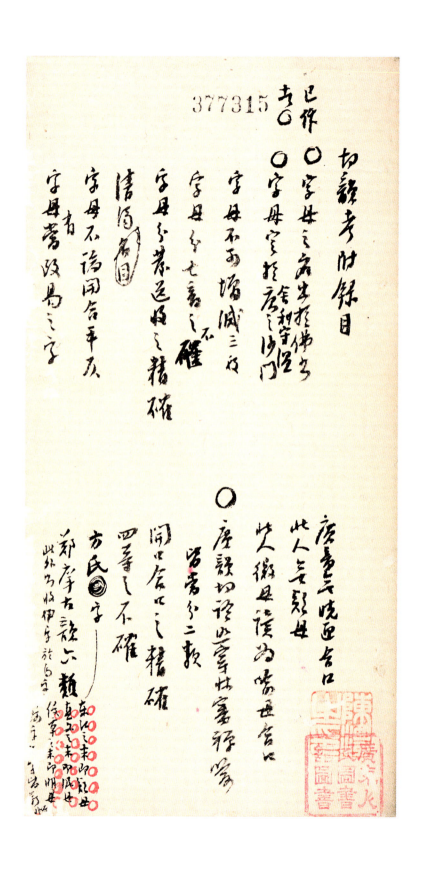

切韻考附錄目

11545　切韻考一卷　（清）陳澧撰　稿本
廣東省立中山圖書館藏。

11546　切韻考殘稿一卷　（清）陳澧撰　稿本

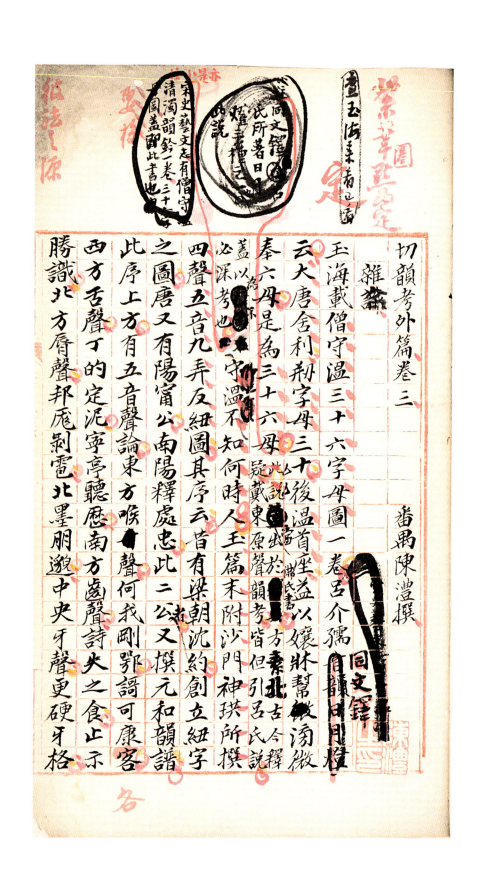

切韻考外篇卷三

番禺陳澧撰

雜說

玉海載僧守溫三十六字母圖一卷呂介孺

云大唐舍利荊字母三十六母後溫首座益以孃牀幫微湯微

奉六母是為三十六母

蓋以為不守溫不知何時人玉篇末附沙門神珙所撰

必深考也

四聲五音九弄反紐圖其序云昔有梁朝沈約創立紐字

之圖唐又有陽甯公南陽釋處忠此二公又撰元和韻譜

此序上方有五音聲論東方喉音何我剛鄂諤可康客

西方舌聲丁的定泥寧亭聽歷南方齒聲詩尖之食止示

勝識北方脣聲邦庬剝電北墨朋邈中央牙聲更硬牙格

11547　切韻考外篇三卷　（清）陳澧撰　稿本

半葉十一行，行字不等，紅格，紅口，左右雙邊。廣東省立中山圖書館藏。

藝文志

昔仲尼歿而微言絕，七十子喪而大義乖。故《春秋》分為
五，《詩》分為四，《易》有數家之傳。戰國從衡，真偽分爭，諸子之言紛然殽亂。
至秦患之，乃燔滅文章，以愚黔首。漢興，改秦之敗，大收篇籍，
開獻書之路。迄孝武世，書缺簡脫，禮壞樂崩，聖上喟然而稱曰：
「朕甚閔焉！」於是建藏書之策，置寫書之官，下及諸子傳說，皆
充秘府。至成帝時，以書頗散亡，使謁者陳農求遺書於天下。
詔光祿大夫劉向校經傳諸子詩賦，步兵校尉任宏校兵書，
太史令尹咸校數術，侍醫李柱國校方技。每一書已，向輒條
其篇目，撮其指意，錄而奏之。會向卒，哀帝復使向子侍中
奉車都尉歆卒父業。歆於是總群書而奏其《七略》，故有
《輯略》，有《六藝略》，有《諸子略》，有《詩賦略》，有《兵書略》，有《術數略》，有
《方技略》。今刪其要，以備篇籍。

《易》曰：「河出圖，雒出書，聖人則之。」故《書》之
所起遠矣，至孔子纂焉。上斷於堯，下訖於秦，凡百篇而為之序，
言其作意。秦燔書禁學，濟南伏生獨壁藏之。漢興亡失，求得
二十九篇，以教齊魯之間。訖孝宣世，有歐陽、大小夏侯氏立於學官。
古文《尚書》者出孔子壁中。武帝末，魯共王壞孔子宅，欲以廣其宮，
而得古文《尚書》及《禮記》、《論語》、《孝經》凡數十篇，皆古字也。共王往入
其宅，聞鼓琴瑟鍾磬之音，於是懼乃止不壞。孔安國者，孔子後也，
悉得其書，以考二十九篇，得多十六篇。安國獻之，遭巫蠱事，未列
於學官。劉向以中古文校歐陽、大小夏侯三家經文，《酒誥》脫簡一，
《召誥》脫簡二，率簡二十五字者脫亦二十五字，簡二十二
字者脫亦二十二字，文字異者七百有餘，脫字數十。

《書》者古之號令，號令於眾，其言不
立具，則聽受施行者弗曉。古文讀應爾雅，故解古今語而可知也。

凡《詩》六家，四百一十六卷。哀、平詠言之詩，哥詠其聲謂之哥。樂之哀，
而哥詠之聲發詠其言謂之詩，詠其聲謂之哥，故哥有采

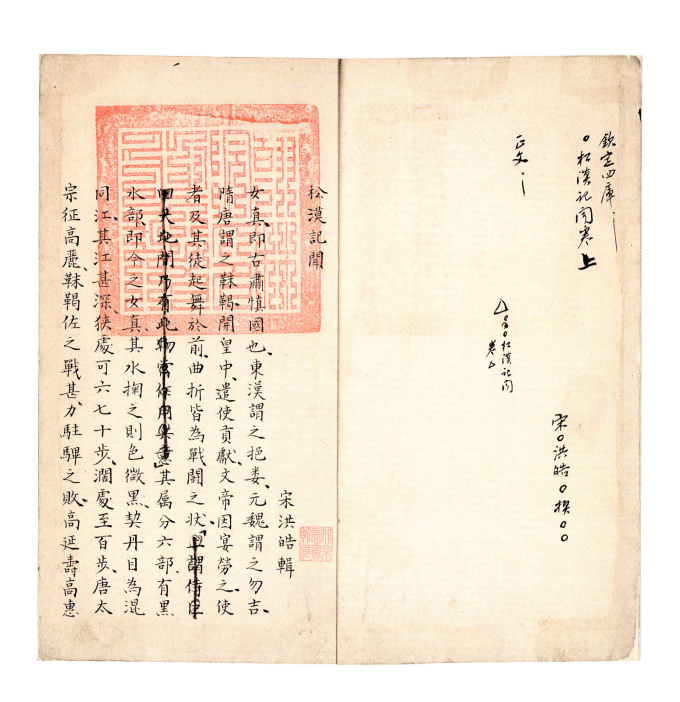

松漠記聞

宋洪皓輯

女真即古肅慎國也、東漢謂之挹婁、元魏謂之勿吉、隋唐謂之靺鞨、開皇中、遣使貢獻文帝因宴勞之使者及其徒起舞於前曲折皆為戰鬪之狀、正謂侍使、即夾地開乃有此物帝用更盡其屬分六部有黑水部、即今之女真、其水掬之則色微黑挈丹目為混同江、其江甚深狹、慶可六七十步、濶慶至百步、唐太宗征高麗、靺鞨佐之戰甚力駐驆之敗高延壽高惠

鈐定四庫
松漠記聞卷上

正文

△松漠記聞
卷上

宋洪皓撰

11610　松漠記聞一卷續一卷　（宋）洪皓撰　清抄本［四庫底本］
有"翰林院印"等印。國家圖書館藏。

古今列女傳卷之一

虞

有虞氏舜二妃者，帝堯之二女也。長娥皇，次女英，舜父頑，母嚚，父號瞽叟，弟曰象，敖遊於嫚，舜能諧柔之，承事瞽叟以孝。母憎舜而愛象，舜猶內治，靡有姦意。四嶽薦之於堯，堯乃妻以二女，以觀厥內。二女承事舜於畎畝之中，不以天子之女故而驕盈怠嫚，猶謙謙恭儉，思盡婦道。瞽叟與象謀殺舜，使塗廩，舜歸告二女曰，父母使我塗廩，我其往。二女曰，往哉。舜既治廩，乃捐階，瞽叟焚廩，舜以兩笠自扞而下。復使舜浚井，舜乃告二女曰，二女曰，俞往哉。舜往浚井，格其出入，從掩，舜從匿空，傍出。時既不能殺舜，瞽叟又速舜飲酒，醉將殺之，舜告二女，二女乃

11634　古今列女傳三卷　（明）解縉等撰　明永樂元年（1403）內府刻本

匡高21厘米，廣14.6厘米。半葉十二行，行二十二字，小字雙行同，黑口，四周雙邊。有"宜都楊氏藏書記""楊印守敬""松坡圖書館藏"等印。國家圖書館藏。

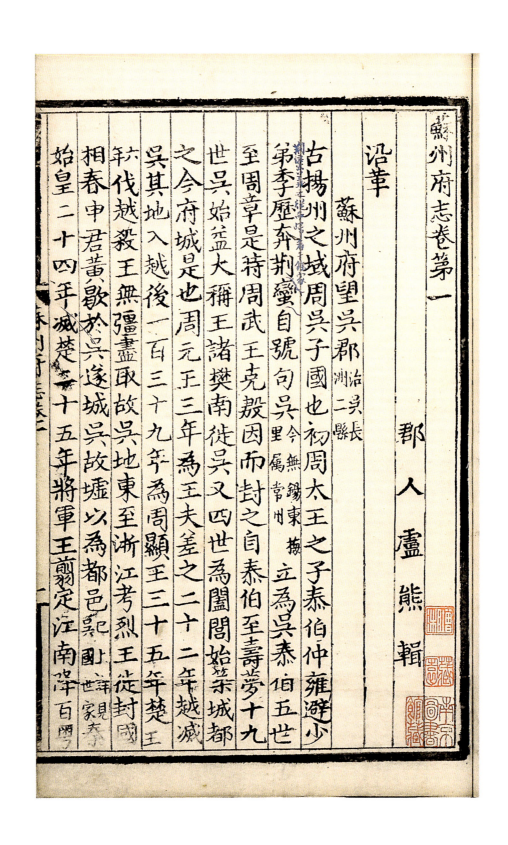

郡人盧熊輯

沿革

蘇州府望吳郡（治吳長洲二縣）

古揚州之域周吳子國也初周太王之子泰伯仲雍遊少

弟季歷奔荊蠻自號句吳（今無錫東梅里屬常州）立為吳泰伯五世

至周章是時周武王克殷因而封之自泰伯至壽夢十九

世吳始益大稱王諸樊南徙吳又四世為闔閭始築城都

之今府城是也周元王三年為王夫差之二十二年越滅

吳其地入越後一百三十九年為周顯王三十五年楚王

𣂏伐越殺王無彊盡取故吳地東至浙江考烈王徙封國

相春申君黃歇於吳遂城吳故墟以為都邑（起見世家春...

始皇二十四年滅楚二十五年將軍王翦定江南降百...

11660　［洪武］蘇州府志五十卷　（明）盧熊纂修　明洪武刻本

匡高24.6厘米，廣16.2厘米。半葉十三行，行二十三字，黑口，四周雙邊。傅增湘跋，汪希董跋并録黃廷鑑校跋及顧遜士跋。南京圖書館藏。

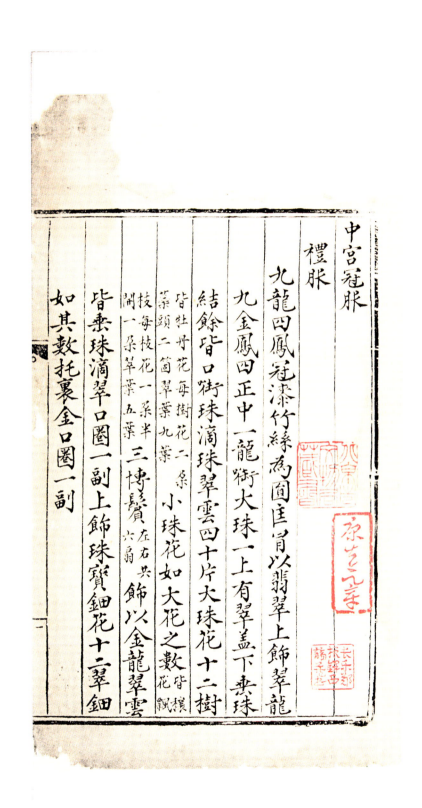

中宮冠服

禮服

九龍四鳳冠漆竹絲為圓匡冒以翡翠上飾翠龍

九金鳳四正中一龍銜大珠一上有翠蓋下乘珠

結餘皆口銜珠滴珠翠雲四十片大珠花十二樹

皆牡丹花每樹花二条　小珠花如大花之數皆花瓣

葉頸二箇翠葉九葉

枝每枝花一条半

開一条翠葉五葉　三博鬢六扇　飾以金龍翠雲

皆垂珠滴翠口圈一副上飾珠寶鈿花十二翠鈿

如其數托裏金口圈一副

11695　冕服鹵簿儀仗圖不分卷　明抄彩繪本

有“長乐郑振鐸西諦藏书”“康生之章”等印。北京市文物局圖書資料中心藏，存六册。

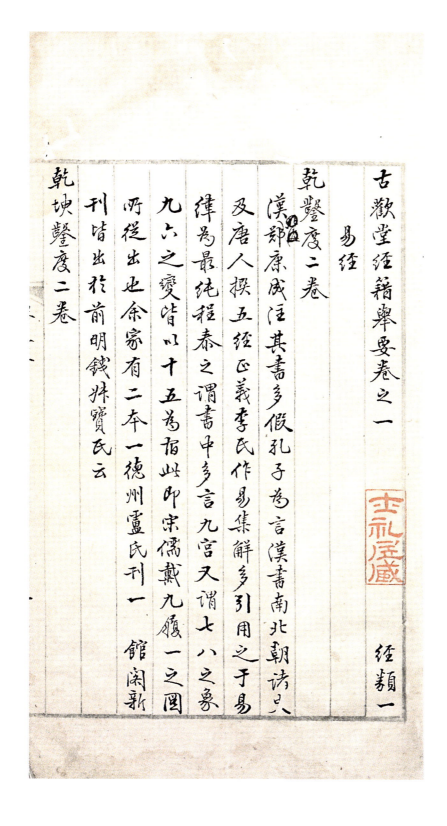

古歡堂經籍舉要卷之一　　　經類一

易經

乾鑿度二卷

漢鄭康成注其書多假孔子為言漢書南北朝諸志

及唐人撰五經正義李氏作易集解多引用之于易

緯為最純程泰之謂書中多言九宮又謂七八之象

九六之變皆以十五為宿此即宋儒戴九履一之圖

所從出此余家有二本一德州盧氏刊一

刊皆出於前明錢功寶氏云

乾坤鑿度二卷

館閣新

士礼居藏

11707　古歡堂经籍舉要一卷　（清）吴翌鳳撰　稿本

　　匡高19.3厘米，廣13.5厘米。半葉十行，行二十一字，藍格，白口，四周單邊。有"士礼居藏""式之"等印。章鈺跋。南京圖書館藏。

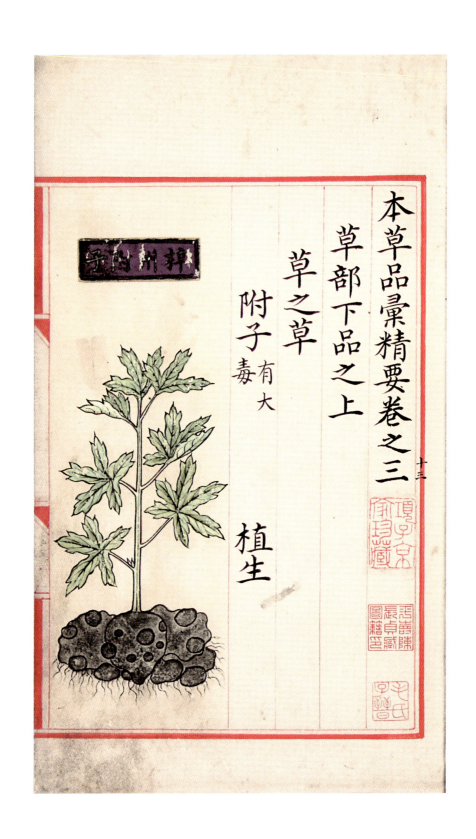

本草品彙精要卷之三

草部下品之上

草之草

附子 毒有大

植生

11729　本草品彙精要四十二卷　（明）劉文泰　徐鎮等撰　明抄彩繪本

匡高25.1厘米，廣17.9厘米。半葉八行，行十六字，小字雙行同，紅格，紅口，四周雙邊。有"項子京家珍藏""毛氏子晋""平壽陳長貞藏圖籍印"等印。國家圖書館藏，存十一卷。

蘇米齋蘭亭考卷第八

大興　翁方綱

唐沙門懷仁集聖教序內用蘭亭字

十有七年年字褚本

在智猶迷等句在字　褚本

春宮春字定武

同會於海會字　褚本會稽

導羣生於十地拯羣有之　塗炭二句羣字　褚本

按羣字末筆雙叉定武與褚本同而此所集平頂方折則是

用褚本也

卷八之一

11755　蘇米齋蘭亭考八卷　（清）翁方綱撰　稿本

半葉十行，行二十四字。有"樹枏之印"等印。王樹枏跋。國家圖書館藏，存一卷。

右略舉三十九字薄弱板俗者其實尚不止此此無怪苦人有
院體之目也抑後半二十二年八月三日以後尚有字無他失
而結體視前過於豐潤所以聲字與前頓異色字與色相混或
恐此後數行別一手所集爾不應懷仁於末後精力疲懶如此
所以興其全帖啟後人院體之譏不若前所撰出二百許字尚
得想見山陰用筆之秘豈鄙見過為別擇乎

定州王文泉孝廉購以為覃溪先生著書
底本數十種蘭亭孝草稿具杜比莫其騰清
之李紅墨筆增刪改訂之字皆先生真蹟也
何小梅直牧以之嘉澱六家辛亥仲冬持以貽
余反復披覽可以想見當日埋頭芸述之勤美
新城王樹柟跋於北庭

荷亭辨論卷之一

大中辯

東陽盧格正夫著

大中者義理之大中也不偏不倚無過不及惟聖人能
之下聖人一等則有不能至者矣程子曰孟子有些英
氣英氣甚害事楊氏曰孟子以己之長方人之短猶有
此等氣象在夫孟亞聖也先儒直指其失而不嫌者豈
得已哉誠以學未至於大中則不能無過不及之差先
儒之言為天下後世計也則夫著述訓詁以一人而探
千古聖賢之心尤不能一一中的後世明知其誤一切
避嫌而順之斯亦過矣知乎此則凡古今之未能至者

一

11777　荷亭辨論十卷補遺一卷　（明）盧格撰　清乾隆三十九年（1774）盧文弨抄本（卷六至
十、補遺配清抄本）

　　匡高19厘米，廣13.6厘米。半葉十一行，行二十一字，白口，四周雙邊。盧文弨校并跋，丁丙
跋。南京圖書館藏。

却掃編卷上

漢初因秦官置丞相太尉武帝罷太尉不置久之置
大司馬而以爲大將軍之冠成帝復罷丞相御史
大夫而取周官六卿司徒司空之名配大司馬以
備三公而咸加大稱後漢建武二十七年復改大
司馬爲太尉而司徒司空並去大字自後歷代因
之政和中始盡遵周官置少師少傅少保爲三孤
太師太傅太保爲三公而以太尉爲武官禮秩同
二府大略如昔之宣徽使而不以授文臣而必以
冠節度使爲異耳
唐開元中始聚書集賢院置學士直學士直院總之
又置大學士以寵宰相自是不廢其後又置弘文

11781　却掃編三卷　（宋）徐度撰　明穴研齋抄本

匡高19厘米，廣16厘米。半葉十二行，行二十字，白口，四周單邊。黃丕烈校并跋。國家圖書館藏。

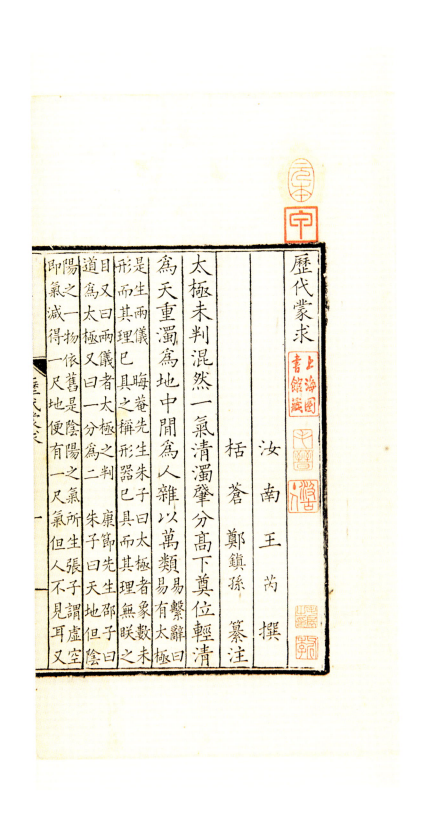

歷代蒙求

汝南王芮　撰

栝蒼鄭鎮孫纂注

太極未判混然一氣清濁肇分高下奠位輕清
為天重濁為地中間為人雜以萬類易有太極
是生兩儀晦菴先生朱子曰太極者易象數之未
形而其理巳具之稱形器巳具而其理無眹之未
目又曰兩儀又曰一分為二判朱子康節先生邵子曰天地但陰
道又太極之又太極曰天地但陰
陽之減得一物依舊是陰陽之氣所生但人張子謂虛空
即陽氣之減得一尺地便有一尺氣所生但人不見耳又空

大方廣佛華嚴經卷第六十四

于闐國三藏沙門實叉難陀譯

入法界品第三十九之五

爾時善財童子蒙善知識力依善知識
教念善知識語於善知識深心愛樂作
是念言因善知識令我見佛因善知識
令我聞法善知識者是我師傅示導於
我諸佛法故善知識者是我眼目令我
見佛如虛空故善知識者是我津濟令
我得入諸佛如來蓮華池故漸漸南行
至海潮處見普莊嚴園象寶垣牆周帀
圍繞一切寶樹行列莊嚴一切寶華樹
雨眾妙華布散其地一切寶香樹香氛
氳氳普熏十方一切寶鬘樹雨大寶鬘
處處垂下一切摩尼寶王樹雨大摩尼
寶編布充滿一切寶衣樹雨種種色衣
隨其所應周帀敷布一切音樂樹風動
成音其音美妙過於天樂一切莊嚴具
樹各雨珍玩奇妙之物處處分布以為
嚴飾其地清淨無有高下於中具有百

11814　大方廣佛華嚴經八十卷　（唐）釋實叉難陀譯　明萬曆釋海玉刺血抄本

經折裝。開本高33.4厘米，廣12.3厘米。半葉五行，行十五字。安徽省九華山歷史文物館藏。

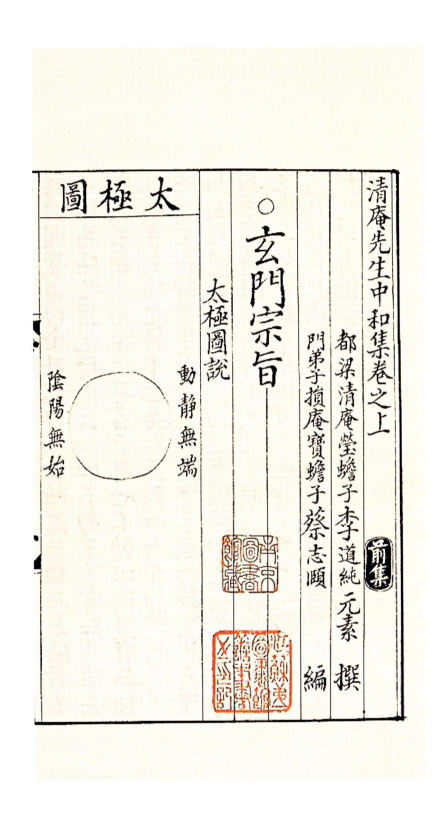

11818　清庵先生中和集前集三卷後集三卷　（元）李道純撰　（元）蔡志頤輯　清影元抄本

匡高18.5厘米，廣12.5厘米。半葉十一行，行二十一字，小字雙行同，黑口，左右雙邊。丁丙跋。南京圖書館藏。

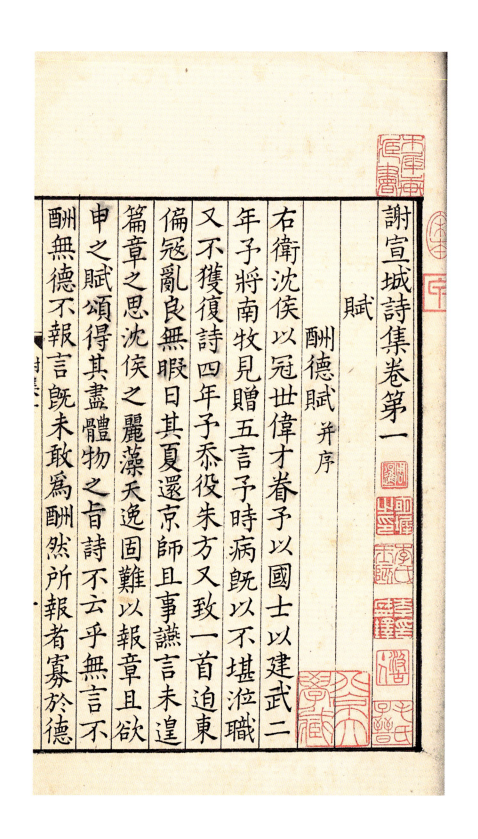

謝宣城詩集卷第一

賦

酬德賦并序

右衛沈侯以冠世偉才眷子以國士以建武二
年子將南牧見贈五言子時病既以不堪涖職
又不獲復詩四年子忝役朱方又致一首迫東
偏冠亂良無暇日其夏還京師且事謙言未遑
篇章之思沈侯之麗藻天逸固難以報章且欲
申之賦頌得其盡體物之旨詩不云乎無言不
酬無德不報言既未敢爲酬然所報者寡於德

11833　謝宣城詩集五卷　（南朝齊）謝朓撰　明末毛氏汲古閣影宋抄本

匡高21.7厘米，廣15.9厘米。半葉十行，行十八字，白口，左右雙邊。有"毛氏子晋""汲古主
人""周暹""李印盛鐸""木犀軒藏書"等印。北京大學圖書館藏。

一一八

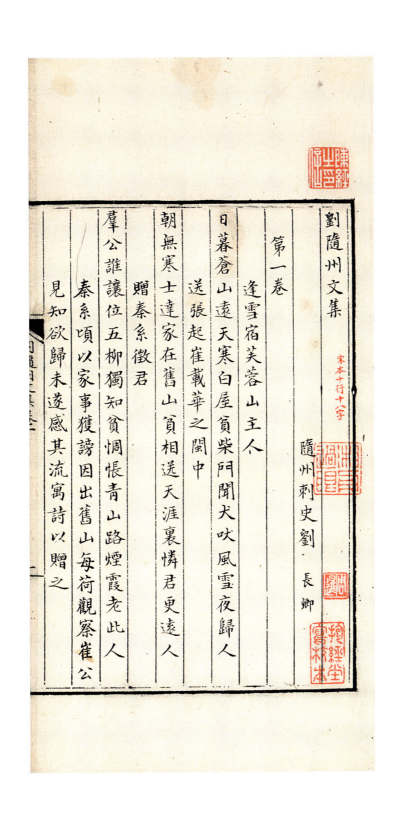

劉隨州文集

宋本十行十字

隨州刺史劉　長卿

第一卷

逢雪宿芙蓉山主人

日暮蒼山遠天寒白屋貧柴門聞犬吠風雪夜歸人

送張起崔載華之閩中

朝無寒士達家在舊山貧相送天涯裏憐君更遠人

贈秦系徵君

羣公誰讓位五柳獨知貧惆悵青山路煙霞老此人

秦系頃以家事獲謗因出舊山每荷觀察崔公

見知欲歸未遂感其流寓詩以贈之

11837　劉隨州文集十一卷　（唐）劉長卿撰　清乾隆四十一年（1776）盧文弨抄本

匡高19.7厘米，廣13.6厘米。半葉十一行，行二十一字，白口，四周雙邊。有"弓父手校""盧文弨""抱經堂寫校本""湘舟過眼""周暹"等印。盧文弨校跋并録何焯跋。國家圖書館藏。

君顗已久離念旬侍積楚水空浮煙江樓望歸客徘

迴正佇想髻鬟如暫覿心目徒自親風波尙相隔青林

泊舟處猿鳥愁孤驛遙見郭外山蒼然雨中夕李鷹久

疎曠叔度早疇昔反棹來何遽黃花候君摘

何云康郎戌戌六月得見文淵閣不全隨州集校此五卷南宋書棚本也

又云毛文斧季云隨州集難得佳本凡校三過庶無疎略矣

今案刻本誤字尚多並過錄遺漏耶丁酉上燈夕盧文弨校于東里之敧閒

草堂

劉隨州文集卷第五

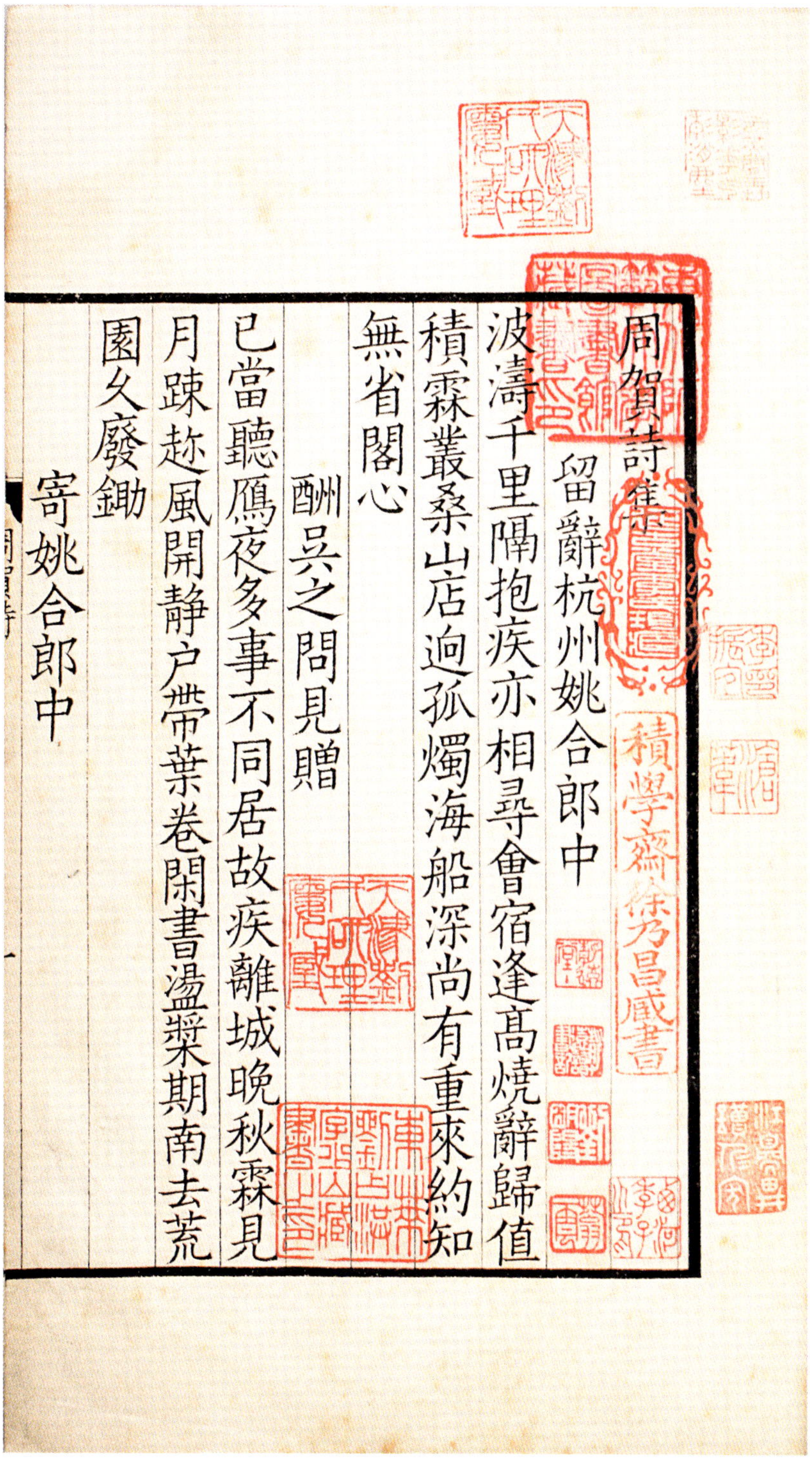
周賀詩集
留辭杭州姚合郎中
波濤千里隔抱疾亦相尋會宿逢高燒辭歸値
積霖叢最桑山店逈孤燭海船深尚有重來約知
無省閣心
酬吳之問見贈
已當聽鴈夜多事不同居故疾離城晚秋霖見
月踈趂風開靜户帶葉卷閑書盪槳期南去荒
園久廢鋤
寄姚合郎中

11856　周賀詩集一卷　（唐）周賀撰　清初毛氏汲古閣影宋抄本

匡高17.9厘米，廣13.1厘米。半葉十行，行十八字，白口，左右雙邊。有“積學齋徐乃昌藏書”“延古堂李氏珍藏”“劉明陽”“天津劉氏研理廔藏”“東萊劉占洪字少山藏書之印”等印。東北師範大學圖書館藏。

夜宿邊禽

臨安府棚北睦親坊南陳宅書籍鋪印

11859　李羣玉詩集三卷後集五卷　　（唐）李群玉撰　清道光四年（1824）黃氏士禮居影宋抄本

半葉十行，行十八字，白口，左右雙邊。有"蕘圃過眼""鐵琴銅劍樓"等印。黃丕烈跋。國家圖書館藏。

霄寒、

野鴨

鸂鶒借毛衣喧呼鷹隼稀雲披菱藻地任汝作

群飛

李羣玉詩後集卷第五

臨安府棚北大街睦親坊南陳解元宅書籍鋪印

泰興季振宜滄葦氏珍藏

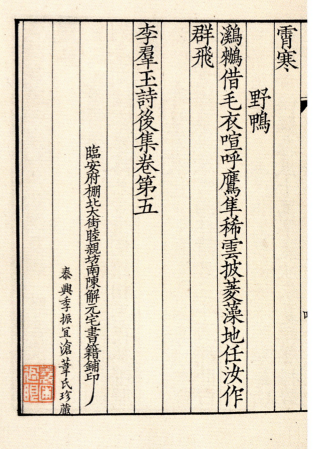

余家向藏舊鈔本李羣玉集有三李末
知何本為善及得宋刻此集知葉鈔最近
蓋行欵同也吾毛刻李文山詩集迴然不同
曾取宋刻後毛刻其昰异不可勝記且其謬不
可勝言信知宋刻之佳矣毛刻非出宋刻李
故以體分統前後集併為三卷或以意改之
抑別有今本七言律生次三首七言絕生次一首宋刻
皆無之五言古詩二十四韻一首末有缺宋刻及抄
俱有而毛刻獨注云缺則兩擴正別有本矣

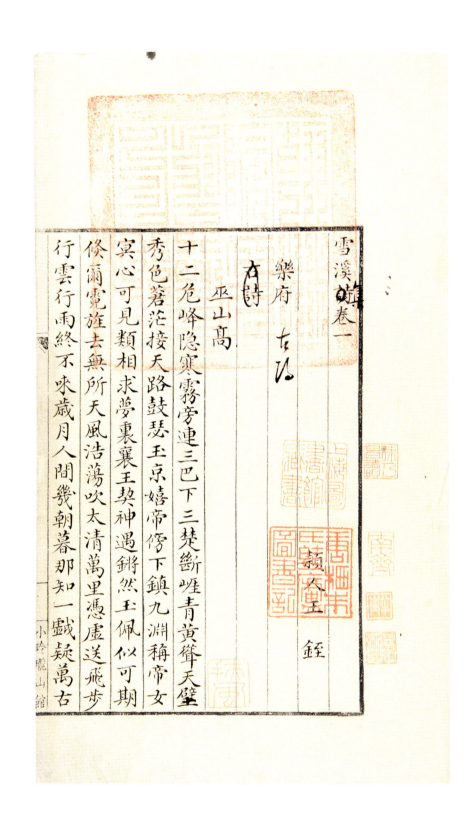

雪溪集卷一

樂府 古詩

巫山高

右詩

十二危峰隱嵾霧旁連三巴下三楚斷巌青黃聳天璧
秀色蒼茫接天路鼓瑟玉京嬉帝傍下鎮九淵稱帝女
寞心可見類相求夢裏襄王契神遇鏘然玉佩似可期
倐爾霓旌去無所天風浩蕩吹太清萬里憑虛送飛步
行雲行雨終不昧歲月人間幾朝暮那知一戲疑萬古

潁人王

鈺

小玲瓏山館

11878　雪溪詩五卷　（宋）王銍撰　清馬氏小玲瓏山館抄本［四庫底本］

匡高18.5厘米，廣12.9厘米。半葉十行，行二十一字，白口，四周單邊。有"翰林院印""唐栖朱氏結一廬圖書記""徐乃昌讀"等印。上海圖書館藏。

除日相思輙寄詩流光不特我衰遲歲窮滄海波濤急

天冷空山鳥獸悲一氣先觀雲暖處百花猶避歲寒枝

迎年送臘須臾夢正似須㣲不動時

望秋

景聊供望何人肯見尋猜鷗不用下我自信無心

門對萬山深登臨老病侵牛羊隨野色草樹帶秋陰此

病中

遙夜支頤坐春醪貢十分碧水(烟)沉宿靄清月入㣲雲真

妻怯多病翔潛喜不聞輙遷人樂處十載愴離羣

寄東山覺老

小玲瓏山館

乙

一二六

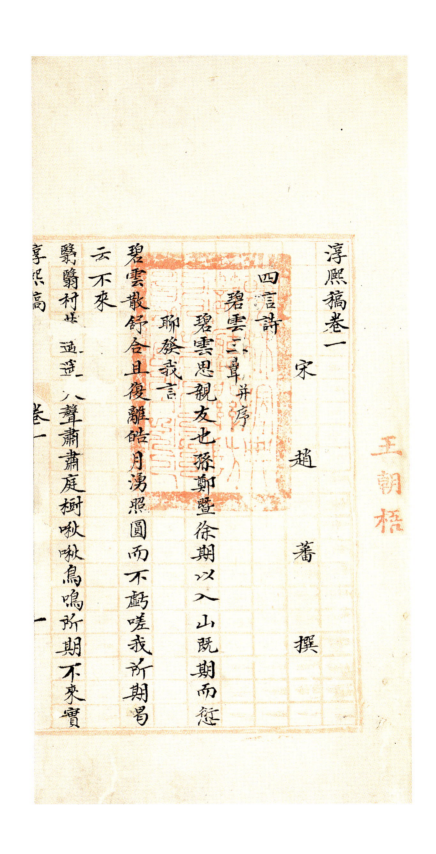

淳熙稿卷一

宋　趙蕃　撰

四言詩

碧雲三章并序

碧雲思親友也孫鄭曁徐期以入山既期而後
聊發我言

碧雲散舒合且復離皓月湯照圓而不虧嗟我所期曷
云不來

翳翳村芳　　茫茫　八聲蕭蕭庭樹啾啾鳥鳴所期不來實

淳熙高　　　　　卷一　　　　　　　　　一

11886　淳熙稿二十卷　（宋）趙蕃撰　清乾隆翰林院抄本［四庫底本］

半葉九行，行二十一字，紅格，白口，四周雙邊。有“翰林院典籍廳關防”等印。國家圖書館藏。

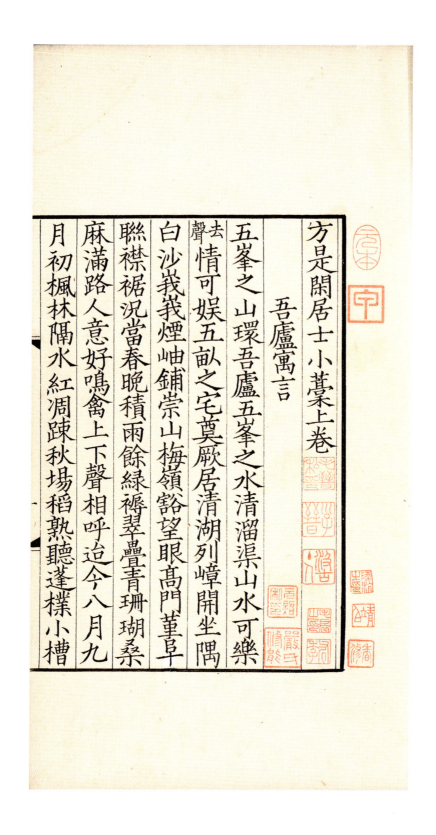

方是閒居士小藁上卷

吾廬寓言

五峯之山環吾廬五峯之水清溜渠山水可樂

去聲情可娛五畝之宅奠厥居清湖列嶂開坐隅

白沙峩峩煙岫舖崇山梅嶺谿望眼高門董皁

聯襟裾況當春晚積雨餘綠褥翠疊青珊瑚桑

麻滿路人意好鳴禽上下聲相呼迄今八月九

月初楓林隔水紅凋疎秋場稻熟聽蓬樸小槽

11888　方是閒居士小藁二卷　（宋）劉學箕撰　清初毛氏汲古閣影元抄本

半葉八行，行十八字，白口，左右雙邊。有"毛晉私印""毛扆之印""嚴氏修能""元照私印""陸沅之印"等印。嚴元照跋。國家圖書館藏。

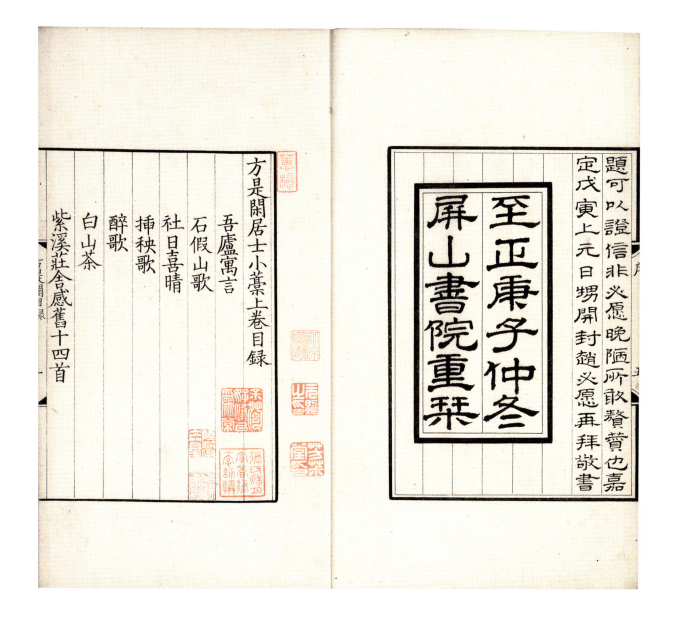

題可以證信非必願晚陋所敢贅贅也嘉

定戊寅上元日甥開封趙必願再拜敬書

至正庚子仲冬

屏山書院重栞

方是閒居士小藁上卷目録

吾廬寓言

石假山歌

社日喜晴

插秧歌

醉歌

白山茶

紫溪莊舍感舊十四首

欽定四庫全書

漁墅類稿卷一

　　　　　　　宋　陳元晉　撰

劄子

乞差甲首催科劄子

臣竊觀江西差役之獘中產之家以戶長破家者相踵

蓋里正號為大役而易戶長號為小役而難名大而實

易則以盜賊煙火之事不常有名小而實難則以催科

督迫之擾頃刻不得免也易者任之大家難者任之中

11889　漁墅類稿八卷　（宋）陳元晉撰　清乾隆翰林院抄本［四庫底本］

　　半葉八行，行二十一字，白口，四周雙邊。有“翰林院印”等印。朱文鼎、孫曙滄校。國家圖書館藏。

漁野類稿目録

卷一

　劄子四首

卷二

　表十七表

　啓十六首

卷三

一三一

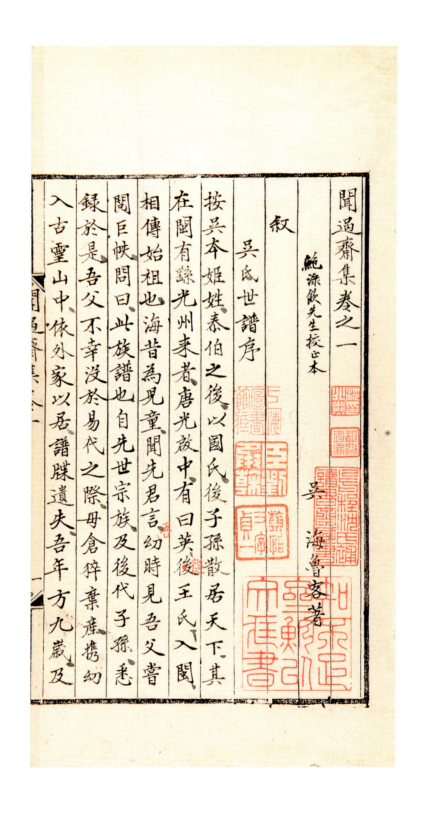

11913　聞過齋集八卷　（元）吳海撰　清乾隆鮑氏知不足齋抄本

匡高20.7厘米，廣13.7厘米。半葉十行，行二十字，黑口，左右雙邊。有"知不足齋鮑以文藏書"
"凌淦字麗生一字礵生""吳江凌氏藏書""烏程沈氏補讀書齋藏書""臣劉承幹""翰怡又字貞
一"等印。鮑廷博校并補録遺詩。上海圖書館藏。

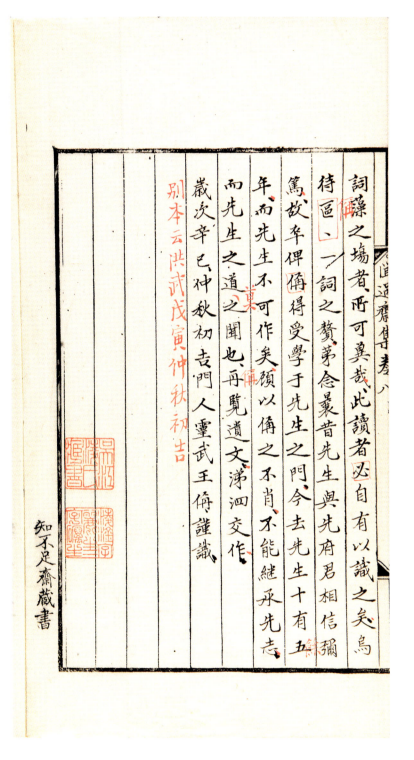

詞藻之塲者西可奠哉此讀者必自有以識之矣烏

待區、一詞之贅茅念曩昔先生與先府君相信彌

篤故辛俾偁得受學于先生之門今去先生十有五

年而先生不可作矣顧以偁之不肖不能繼承先志

而先生之道之聞也再覽遺文涕泗交作

歲次辛巳仲秋初吉門人靈武王偁謹識

別本云洪武戊寅仲秋初吉

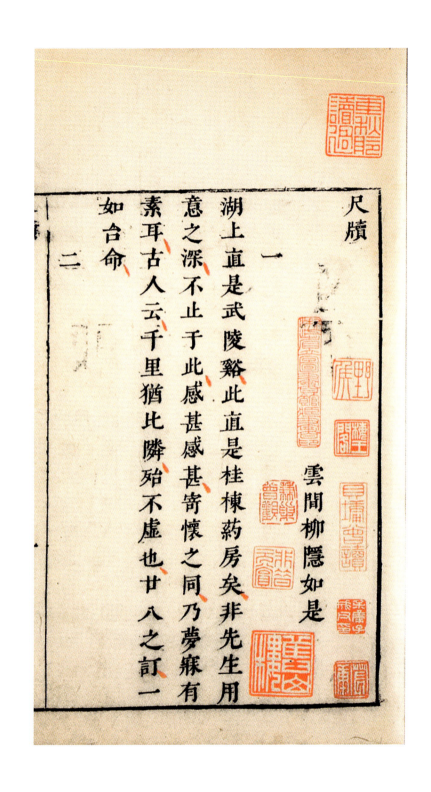

12005　尺牘一卷湖上草一卷　（清）柳是撰　明汪然明刻本

匡高19.1厘米，廣13.5厘米。半葉八行，行十八至十九字，白口，四周單邊。有"絳雲樓書畫印"
"余集子戌父印""貝墉曾讀""林印雲鳳""徐楙私印""紅豆""舊山樓""王國維""仁耦詩
詞""高印時顯"等印。趙宗建題籤并題記，徐楙、惠兆壬跋，林雲鳳、王國維題詩，王仁偶題詩并
跋。浙江圖書館藏。

甲午冬日徐予聖贈　次公記

羊公謝傳衣冠少道廣性峻風塵稀織郎名字吾能意合是廣
陵王草衣　華亭非無桑下戀海雲初有蠟屐蹤汪倫老去
風情在出裘商量最惱公　幅巾道服自權奇兄弟相呼竟
不疑莫怪女兒太唐突荊門朝士少鬚眉　庚申季夏
野荼先生歸白雲山浮山祕帙假讀一過漫賦三章　觀堂

全韻梅花詩

上平

12012　全韻梅花诗一卷　（清）杭世駿撰　稿本

半葉六行，行字不等。有"道古堂書畫印""臣世駿"等印。浙江圖書館藏。

承足下爱其品名先第一甲者至三迈者

子行仗心美作十七循

今韵讨咸书来

玉几词文即正　　董浦枕艹骏脱稿

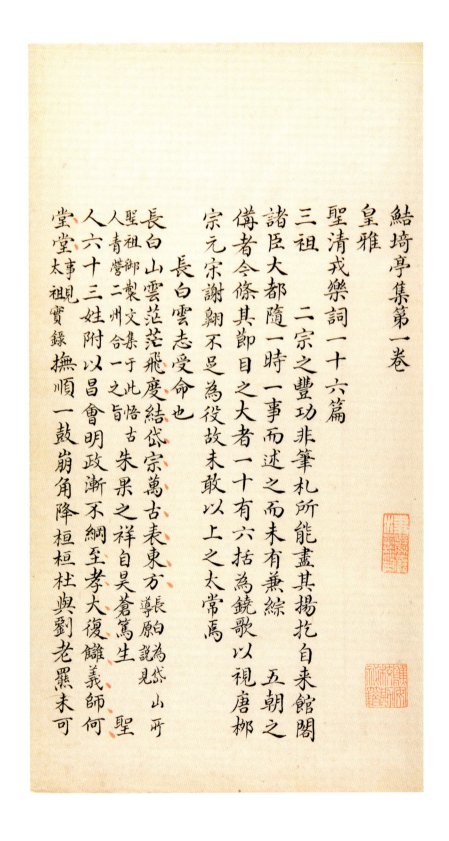

鮚埼亭集第一卷

皇雅

聖清戎樂詞二十六篇

三祖 二宗之豐功非筆札所能盡其揚扢自來館閣

諸臣大都隨一時一事而述之而未有薈綜 五朝之

備者今條其節目之大者一十有六括爲鐃歌以視唐棳

宗元宗謝翶不足爲役故未敢以上之太常焉

長白雲志受命也

長白山雲茫茫飛慶結岱宗萬古表東方 導胎爲岱 長所

聖祖御製文集一之旨悟古朱果之祥自昊蒼篤生 聖

人青營二州合于此

人六十三姓附以昌會明政漸不綱至孝大復讎義師何

堂堂太祖觀實錄 撫順一鼓崩角降桓桓杜與劉老罷未可

12013　鮚埼亭集三十七卷　（清）全祖望撰　清吳氏拜經樓抄本

半葉十二行，行二十二字。有“茗理題記”等印。吳騫批校并録杭世駿批注，陳鱣校，唐翰題、章
鈺跋，吳重熹校并題識。上海圖書館藏。

全謝山先生結埼亭集盜時有杭堇浦先生評點本見史
多蛟刊本頭識此本即吳兔床氏傳錄堇浦批注證以八寒
此事不實于在局中兩唐考異出長洲沈歸愚一條二十七寒又十七
字杭先生譜一條實吳競羲且亭在局中等語與兔床平生蹤跡不
合唐鷦安但題為援翁手校而不詳所本未免失考三十七寒有鹽案
一條審是簡花手書是此書先藏拜經樓後經士鄉李霞勘誠抄
本中刻讀也全書寫手不一用紙格又不一以別有拾年格為馬仲安
手抄不知不足齋補為論考中二字為濕飲手筆同時用始信用板格
六事之常官為乾補固多磳校其仲安與竹坨初白往見所有手扎見
拜絰題跋其書未壽名翼賚於病函謂通籍是仲安為康病間人謝
山生康四四十四年卒乾隆二十年年五十一年譜謂卒年如年官又葉案刪
是仲安行此半遂在謝山之前故知兔床舊藏偶蚨盂用為笥書增之且即
白何其疏也雖之迴明竹坨稱宗人梅吾宗之說考友葉緣蜡藏書記
文為朱馬忠槙即珠之泗人梅於明末東南遺獻求業最力
事詩曾考疑閱觀此則糅誃矣謝山此集於明末東南遺獻多惜未逮寫最
江宵鄧氏藏有楊秋室臧注本事蹟尤為詳備未悵均多惜未逮寫最
年魯傳錄嚴九帳校訂本與此本亦有勝處承
石蓮先生示諄目俗校一迆此手餘李仲元刻傳一篇以補史刻所闕研說
所及輒樹管見俟 先生審定焉乙卯三月長洲章鈺記於析津

魏之琇

之琇字玉横六曰玉衡彌柳洲錢塘人布
衣有嶺雲詩鈔玉横居杭之淳佑橋家甚
貧而居又市闤翼之座塵隂秋隂
王横恬然若不自覺惟閒持意于吟咏刺
其傳詩法力追古雅而不驚人而死不纖
壹功續家生産類案卷帙多本書樓數倍
治痍未嘗貴報嘗集古今醫案人璀江
後葊杜陵全生齊持藥籠居人之惜乎但賞
真膏一生未中壽而死○者西泠之人
坎轗鬰鬰一生未中壽而死○王横死而
哈社益零落矣○嚴歲誠云魏先生少孤貧
富舉少之無所遇西歸誠云既鬰不通有眄
不忘以故家不富一書而無所不畜

次送陳西樵南歸

草檄華久檀名倦遊難得是歸耕　胸中豪氣湖海

稿在鬢上星霜老　頹城枯柳暮烟鴉陣　西風後

雪雁程程江南到日春花放　與寄相思太瘦生

範庭博　以文謁孫欽江南欽縣人諸生

題宗刻六十家小集後

國寶新編語東花江湖霞檀其華　田名國寶新編

略經小據紅羊劫德偉實慶六十家存此耳　元總一百六十餘家佳

卅年澗夢尉瓊琚好事學傳出烽餘櫛徧君　四十年前屬雲獎

中更五百年還別眼空如何霞走鯉魚

楊馬氏吳石倉先生　出之即泉寇

春風楊柳名楊詩案南都似北朝　江湖集刻劉南軱

松陵舟一葉小紅低喂自吹簫　二在集中

大街柵去睫親坊尾　話安字一行　北以街懷親坊南府柵

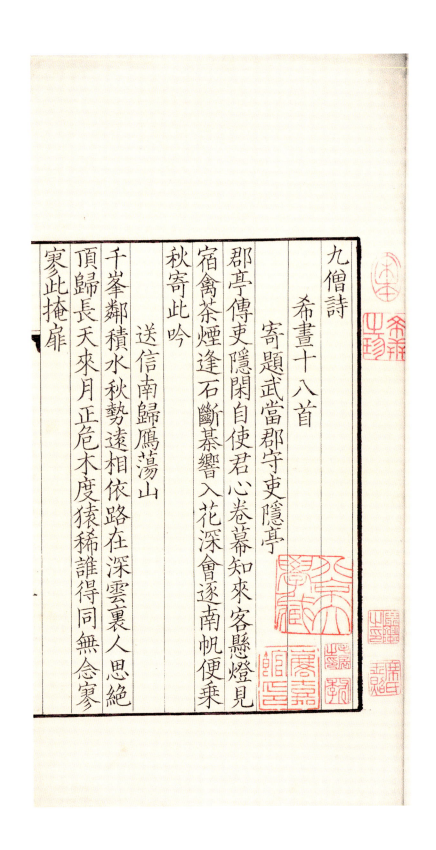

九僧詩

希晝十八首

寄題武當郡守吏隱亭

　郡亭傳吏隱閑自使君心卷幕知來客懸燈見

宿禽茶煙逢石斷慕響入花深會逐南帆便乘

秋寄此吟

　　送信南歸鴈蕩山

千峯鄰積水秋勢遠相依路在深雲裏人思絕

頂歸長天來月正危木度猿稀誰得同無念寥

寥此掩扉

12051　九僧詩一卷　（宋）釋希晝等撰　清初毛氏汲古閣影宋抄本

匡高17.8厘米，廣13厘米。半葉十行，行十八字，白口，左右雙邊。有"毛晉私印""席鑑之印"等印。毛扆、袁克文跋。北京大學圖書館藏。

九僧詩目録

劒南希晝十八首

金華保暹二十五首

南越文兆十三首

天台行肇十六首

沃州簡長十七首

青城惟鳳十三首

淮南惠崇十一首

江東宇昭十二首　續添一首

峨嵋懷古九首

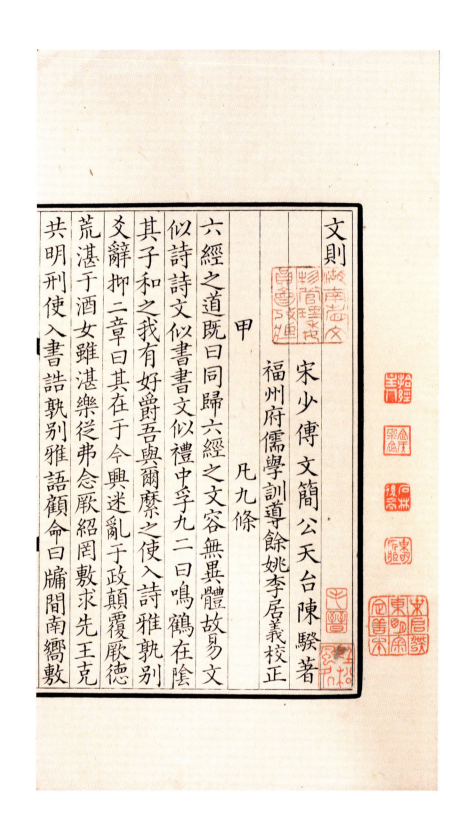

文則一卷　（宋）陳騤撰　明末毛氏汲古閣影元抄本

匡高19.3厘米，廣13.1厘米。半葉十行，行十九字，小字雙行同，黑口，四周雙邊。有"毛晉私印"等印。葉啟發、葉啟勳跋。湖南圖書館藏。

旦受茲玄社建爾國家封于北土世為漢藩輔

於戲董粲氏虐老獸心以姦巧肆虐邊邨朕命將率

粲氏虐老獸心三十有二帥母作怨母作棐走

祖征厭徙罪域萬夫長千夫長以安悉爾心母作怨旗降旗

師董粲徙罪域北州以安悉爾

不德母乃徵爾其戒之 **廣陵王胥封策語** 子於戲受小

德赤社建爾國封五南土于南土世其人為漢藩楊輔古

茲赤社建爾國封五于湖之間其人為輕心楊輔州古

人有言曰大江之南五湖之間其人為輕心祇則

竸乃不作福不作棐以毋迓於戲人悉爾心祇則書竸

保彊三代順要服侗不好及佚以政迓於戲人悉惟法惟

靡有後蓋王其戒之威

此書始得陳天民本錄於江陰缺序文及末

一版今五年矣乃得莫景行本補足之於松

江泗水之上至正已亥六月也陶宗儀志

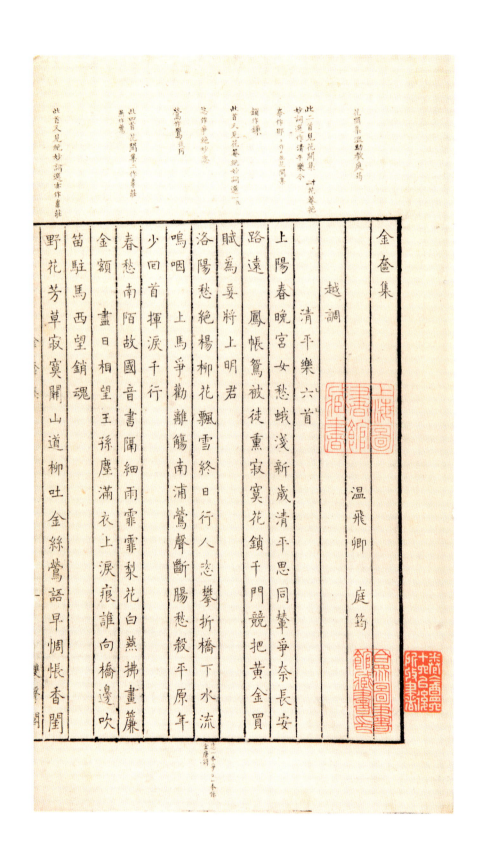

12078　金奩集一卷　（唐）溫庭筠撰　清勞權抄本

半葉十四行，行二十字。有"葉景葵印"等印。勞權校，曹元忠跋。上海圖書館藏。

此紙係曹君直先生手書　己卯三月十二日景蔡記

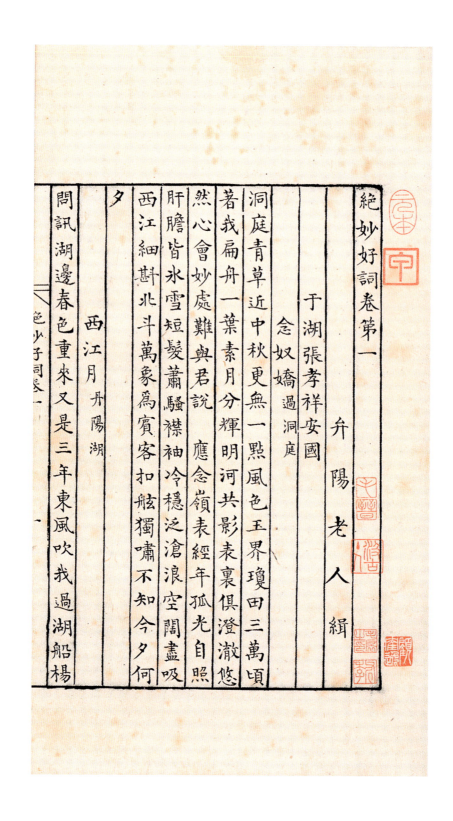

12083　絶妙好詞七卷　（宋）周密輯　清初毛氏汲古閣抄本

匡高22厘米，廣14.5厘米。半葉十二行，行二十字，白口，四周單邊。有"毛晋""毛扆之印""士礼居藏""顧鶴逸"等印。朱祖謀跋。國家圖書館藏。

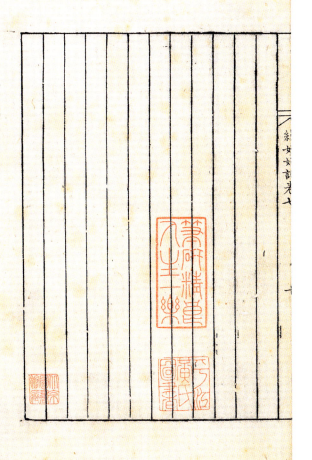

絕妙好詞一書祚寓彭齔謂與竹垞選詞綜詞閱錢遵王藏時

有寫本經子煜為錢氏抹琦困滑假歸傳寫版行何義

門謂義門竹垞詭滑之非也今通行諸本皆由之出已未

箋尾　鶴逸　先生去宗所藏精鈔本看毛氏子晉齊季

諸印遵王藏書半歸季滄葦生為毛氏所滑故汲古秘

本有其目而延令書目無之卷二李龔仲鎮姓字諸刻

皆脫去其滑湾平樂將兩一闋遂誤屬李泳卷七脫

簡趣與仁垞事近詞後右浣溪沙三字仇遠生查子前在

此山南三字知為玉胡蝶之獨立軟紅一闋皆此本腠裏其

它字句可謏正諸刻者尤不朦枝攀然此不免小有謏異

兩卷四拖荖斂三十二行詞六闋並目六佚玄盍目為成八補

編非弁陽老人原本也是書自沈伯時之已惜宋版不存

墨本尓看好事者傳之乆墨本不可復睹斗祈抄未珍若

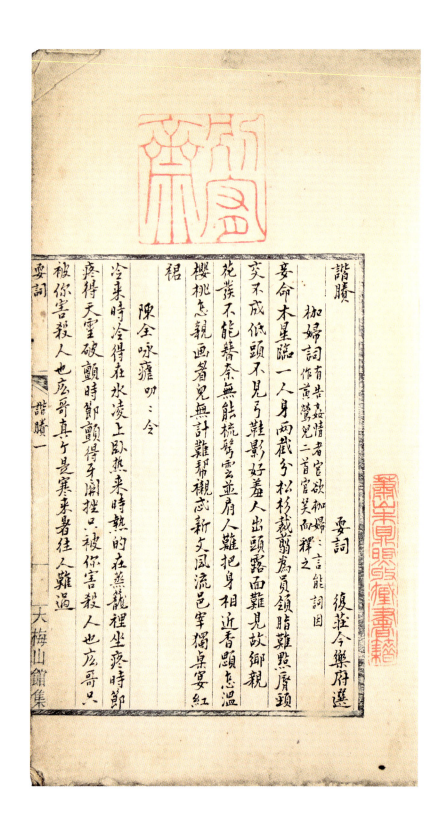

12086　復莊今樂府選□□種□□卷總目一卷　　（清）姚燮編　稿本（總目一卷爲光緒三十年馮
辰元抄配）

匡高18.1厘米，廣13.3厘米。半葉十一行，行字不等，白口，左右雙邊。姚燮批校并跋，姚檾校并
跋，無我相居士、□文山農跋。寧波市天一閣博物館藏，存二百二十七卷。

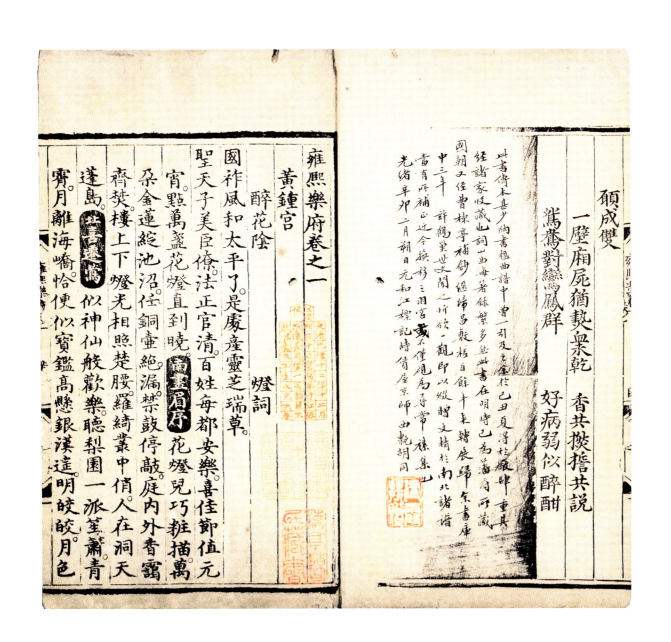

12093　雍熙樂府二十卷　（明）郭勛輯　明嘉靖十年（1531）刻本（卷二、十、十二配清抄本）

匡高20.6厘米，廣13.6厘米。半葉十行，行二十一字，白口，四周雙邊。有"楝亭曹氏藏書""長白敷槎氏菫齋昌齡圖書印"等印。江標跋。南京圖書館藏。

第五批 "全國古籍重點保護單位"
簡　介

天津師範大學圖書館

　　天津師範大學始建於1958年，18萬册古籍資源是該校圖書館的特色收藏，其中善本古籍1200餘種，1萬餘册。館藏古籍以文史類爲主，側重明清時期，地方特色鮮明。館內另收藏民國圖書和期刊6萬餘册。古籍專用書庫4個，總面積900平方米。圖書館特藏部8名工作人員，全面負責古籍典藏、閱覽和保護工作。同時，該校爲國家首批古籍保護人才培訓基地，與天津市古籍保護中心、天津古籍出版社聯合培養古籍修復與出版方向專業碩士研究生。

河北師範大學圖書館

　　河北師範大學圖書館的前身是創建於1902年的北京順天府學堂藏書室和創建於1906年的天津北洋女師範學堂圖書部。1996年6月，原河北師範大學圖書館、河北師範學院圖書館與河北教育學院圖書館、河北職業技術師範學院圖書館合并，組建成新的河北師範大學圖書館。該館收藏古籍17萬冊件，其中善本古籍1萬冊件。專用古籍書庫2個，總面積1000平方米，由學科服務部管理，工作人員6人，有專人負責古籍的保護、閱覽和修復工作。

遼寧省檔案館

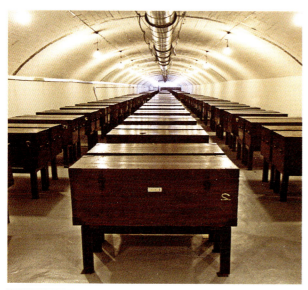

遼寧省檔案館前身爲1954年8月11日成立的東北區臨時檔案保管處，1958年10月1日正式成立遼寧省檔案館。該館所藏古籍共10905冊，善本10805冊，其中用滿文書寫的有5298冊。這些古籍絕大多數是清朝官修史籍的精寫本，裝幀華麗，書寫精美，信息豐富，版本獨特，成書部數少，堪稱精品。專用古籍書庫3個，2800餘平方米，由檔案保管處管理，工作人員16人。

瀋陽師範大學圖書館

　　瀋陽師範大學圖書館前身是1951年成立的東北教育學院圖書館，1953年更名爲瀋陽師範學院圖書館，2002年瀋陽師範學院與遼寧省教育學院合并，啓用瀋陽師範大學圖書館名稱。該館收藏古籍5萬餘册件，其中善本古籍3600餘册，歷代詩文、明清戲曲、古代類書、史部典籍等是其特色藏品。專用古籍書庫2個，總面積400平方米。設有專門古籍文獻管理機構，工作人員6人，負責古籍文獻的典藏、閱覽、修復工作。

旅順博物館

旅順博物館創建於1917年，是國內最早建立的博物館之一，先後經歷了沙俄築基、日本建館、蘇聯接管及中國政府管理四個不同管理階段。該館收藏古籍4萬餘册件，其中善本古籍3000餘册件。佛教典籍、社會文書、綫裝善本、清宮檔案、名人手札、碑帖等爲特色藏品，具有重要的歷史價值。專用古籍書庫5個，總面積610平方米，由文物信息中心管理，工作人員55人，有專人負責古籍典藏和修復工作。

江蘇省泰州市圖書館

　　泰州市圖書館前身爲始建於1922年3月的泰縣圖書館，是江蘇省建館較早的公共圖書館之一。1957年6月更名爲泰州市圖書館。本館現有綫裝古籍5.9萬册，以明清精刻本和地方文獻收藏爲特色，其中古籍善本3365册，地方文獻近600種，綫裝地方志150種，另藏有部分金石拓片、書法字畫及輿圖。目前設立專用古籍書庫2個，總面積370平方米；古籍修復室1個、古籍閱覽室1個；工作人員3名，負責本館古籍的保管、整理、開發和日常讀者接待工作。

河南省開封市圖書館

開封市圖書館創建於1956年，原址設在開封市刷絨街二曾祠旁的徐公祠內。1970年，開封市圖書館改名爲"開封市毛澤東思想宣傳站圖書組"，1974年正式恢復現名開封市圖書館。該館收藏古籍50180冊件，其中善本古籍6286冊件。開封地方志是其特色藏品，另有金石拓片等特藏古籍。專用古籍書庫1個，總面積200平方米，由開封市古籍保護中心全面管理，工作人員6人，有專人負責古籍典藏閱覽、普查登記和文獻保護工作。

河南省南陽市圖書館

南陽市圖書館的前身是1924年成立的南陽縣立第一圖書館，1956年5月正式成立南陽市圖書館。該館現存古籍3萬餘冊件，其中善本古籍5018冊件；特色藏品有《正統道藏》《高上玉皇本行集經》等。古籍書庫1個，特藏書庫1個，總面積約300平方米，由古籍部管理，工作人員3人，設有古籍整理、修復等崗位和古籍閱覽、咨詢等服務項目，負責館藏古籍的整理保護和開發利用。

安徽省蕪湖市圖書館

　　蕪湖市圖書館始建於1949年，收藏古籍總量爲4.2萬册件，其中善本3421册件，3部古籍入選《國家珍貴古籍名録》。其特色是蕪湖籍名人舊藏捐贈，如洪鎔藏書1.8萬册件、阿英藏書12287册件、王瑩藏書220册。獨立古籍書庫3個，總面積400平方米，由古籍部負責管理，工作人員7人，有專人負責古籍典藏和修復工作。

皖西學院圖書館

皖西學院建於2000年，由原六安師範專科學校、皖西聯合大學、六安師範學校合并組建。皖西學院圖書館收藏古籍4.1萬册件，善本664部11483册，有11部古籍入選《國家珍貴古籍名録》，是國内最早完成館藏古籍普查的高校圖書館。該館收藏特點是善本占比較

大，名家舊藏較爲豐富，其中有涂宗瀛求我齋刻書、劉啓發五忠堂刻書、吳廷棟等皖西地方名人著述，具有皖西文獻特色。獨立古籍書庫1個，面積300平方米，由特藏部負責管理，工作人員3人，有專人負責古籍典藏、整理研究和修復工作。

安徽省歙縣博物館

歙縣博物館爲國家三級博物館，始建於1958年2月，館舍爲太白樓新安碑林園，陳列吳廷《餘清齋帖》等新安名家刻石。收藏古籍23449冊件，其中善本4002冊件。特藏爲新安方志家譜、契約文書、名人信札、徽人刻書、碑帖拓片、書法字畫及徽州雕版等，徽州文獻特色鮮明。獨立古籍書庫2個，總面積100餘平方米，由古籍部負責管理，工作人員4人，有專人負責古籍典藏和展陳工作。

江西省景德鎮市圖書館

景德鎮市圖書館爲國家一級圖書館,始建於1954年，現館於2004年建成開放，新館正在建設中，預計2017年3月正式對外開放。館名由我國著名學者、國家圖書館原館長任繼愈先生題寫。該館收藏古籍綫裝書3.1萬餘冊,其中善本古籍304部3020冊，地方志、陶瓷類古籍、各類宗譜是其特色藏品。專用古籍書庫1個，總面積120平方米，古籍閱覽室1個，面積80平方米，工作人員7人，有專人負責古籍典藏和修復工作。

四川博物院

　　四川博物院始建於1941年，是西南地區最大的綜合性博物館，在全國公共博物館中占有重要地位。2009年，隨着新館落成，由四川博物館改稱現名。該院收藏古籍5萬册，其中善本古籍5150册，碑帖拓片是其特色藏品。院圖書館負責管理本院古籍，總面積1110平方米。專用古籍書庫1個，總面積450平方米。古籍管理人員10人，古籍修復人員15人。

新疆維吾爾自治區少數民族古籍搜集整理出版規劃領導小組辦公室

　　新疆維吾爾自治區少數民族古籍搜集整理出版規劃領導小組辦公室建於1983年，收藏古籍6943冊件，其中善本古籍4800冊件，如清察合台文古籍《先知傳》《謝赫麥石來布傳》《伊斯坎得爾傳》《賢人傳》《穆聖傳》《光芒正道》等都是其特色藏品和特藏古籍。專用古籍書庫1個，總面積200平方米，工作人員18人，專設典藏閱覽、古籍文獻保護等機構管理、保護。